平凡社新書

857

永六輔

時代を旅した言葉の職人

隈元信一
KUMAMOTO SHINICHI

HEIBONSHA

永六輔●目次

使用写真で特に断り書きがないものはオフィス六丁目提供

まえがき

永六輔《えいろくすけ》さんなら、知っている。あるいは、大ファンで生前はよくラジオを聴いていた。でも、この筆者は誰？　永さんとどんな関係？　そう思われた方が多いことだろう。

私は、日本でテレビの放送が始まった一九五三（昭和二八）年に生まれた。永さんより二〇歳下で、親子ほどの年齢差がある。江戸っ子の永さんと違って、鹿児島県の離島に生まれ、山村で育った。野山を駆けまわる少年時代をすごし、幼いころに接したメディアといえば、初期はラジオや漫画誌、のちにテレビが加わった。「テレビばっかい見ちょらんで勉強せんか」（鹿児島弁ですが、わかりますよね）と父親に叱られるテレビっ子だった。

小学時代、永さんが台本を書いたNHKテレビのバラエティー番組『夢であいましょう』を見るのが楽しみだった。子どもにとって遅い夜の番組だったが、録画機もない時代、「見ないと一生後悔する」と思った。この番組から生まれた作詞・永六輔、作曲・中村八《なかむらはち》大《だい》のヒット曲「上を向いて歩こう」や「こんにちは赤ちゃん」は、坂本九、梓《あずさ》みちよといった歌手のモノクロ映像に親しみを感じながら、すぐに覚えて口ずさんだ。日本列島の隅っこに都会の文化の風を運んでくれたあの番組がなければ、その後の私の人生は違うものになっていたに違いない。高校時代、受験勉強の合間にTBSラジオの深夜放送『パック・イン・ミュージック』で永さんの声に聴き入ったことも懐かしく思い出す。

長じて新聞記者になり、初めて永さんを取材したのは一九八七年のことだった。八九年からは放送担当としてテレビやラジオの取材を続けてきたから、永さんとの接点も増えた。二〇〇八年四月、文化・メディアを専門とする論説委員（社説を書くのが主な仕事）から編集委員（連載などを書く専門記者）に転じ、この年度に六二回連載した「ラジオの時代」で永さんのラジオへの思いに耳を傾けた。二〇一一年の連載「ジャーナリズム列伝」では、永さんをジャーナリストと見る視点から、三一回に分けてその足跡をつづった。当時の永さんは前立腺がんとパーキンソン病を公表し、薬をたくさん飲みながら病状が一進一退という日々だった。体調が良いときを選んで何度も何度も時間をとってもらい、じっくり話を聞いた。松元ヒロ、オオタスセリといった、お気に入りの芸人の舞台を一緒に見に行ったり、東日本大震災の被災地に同行して臨時災害FM局の番組に出たりもした。

永さんは二〇一六年七月七日、八三歳で亡くなった。家族と穏やかな別れのときをすごし、その死は四日後に公になった。私は当時、大震災後の東北地方を現地で取材したいと思い、六〇歳定年を迎えたあとも本州最北端の下北半島に住んで新聞記者を続けていた。

新聞社では、一面に訃報が大きく載るような著名人が亡くなると、親交が深かった記者が「評伝」を書くことになっている。私は社会面にこんな「評伝」を書いた。


永六輔さんの人生を振り返ると、終生貫かれた一筋の道が見えてくる。

作詞して自ら歌った「生きているということは」が人生観を語る。

「生きているということは　誰かに借りをつくること　生きていくということは　その借りを返してゆくこと　誰かに借りたら誰かに返そう」

「借り」の筆頭は音楽や番組作りの師、三木鶏郎《みきとりろう》さんだ。三木さんがNHKラジオで「日曜娯楽版」を始めなければ、そこへの投稿から腕を磨いた放送作家、永六輔は生まれなかった。

作詞の道は、中村八大さん、いずみたくさんという2人の作曲家に導かれた。民俗学者の宮本常一《みやもとつねいち》さんの「ラジオの電波が飛んでいく先へ行き、見聞をスタジオでしゃべりなさい」という言葉に背中を押され、旅とラジオの道を歩んだ。

借りを返すのにも熱心だった。

1960年代、放送作家を志す学生のたまり場をつくり、松原敏春さんや喰始《たべはじめ》さんを育てた。阪神大震災の被災障害者を救う基金の呼びかけ人代表を務めたのも、「誰かに返そう」という思いからだろう。

「ぼくの人生って、なぜか人が不思議につながってくるんだよ。あなたのように」。

年下の記者として、私もまた借りを返してもらった一人かもしれない。

永さんが作詞、自ら歌った「生きるものの歌」に、こんな一節がある。

「わたしが　この世を去る　その時　愛はあるか　その時　夢はあるか」

家族や多くの友人、ファンに深く愛され、夢を与えての「大往生」だった。

（朝日新聞二〇一六年七月一二日朝刊）

永さんは「あまりに多彩な活躍をして、とらえどころのない人」といった言い方をされる。そんな人物の「評伝」を短い文章で書くにはどうしたらいいか。私なりに考えたのが「終生貫かれた一筋の道」に絞る書き方だった。掲載日は参院選の直後で、東京都知事選の直前。紙面が混んでいたこともあって、書きたいと思っていた量の半分ほどしか載せられなかったのがつらかった。

改めてきちんと「評伝」を書こう。そう思った私は、その年度末で新聞社を退職し、この本の準備に取りかかった。背中を押したのは、永さんの次のような言葉である。

「人は死んだときが死じゃない。その人の話を誰もしなくなったときが、その人が死んだということだと思うの。死者を覚えている人がいる限り、その人の心の中で生き続けている。だからぼく、親父もおふくろも女房も生きてます、会ってます」

本人が両親や妻にそうしたように、生きている者が様々な場でいろいろな形で話題にすることを忘れなければ、永さんはいつまでも生き続ける。ただ故人をしのび、過去を振り返るためだけではない。永六輔という人物の足跡をたどることが、現在と未来を生きる者にとって大きな意味を持つと私は考えている。この本でそのことを明らかにしたい。

永さんのファンだけでなく、永さんを全く知らない人、永さんの死後に生まれた人までが、とりあえず手にして人物像をつかむ一冊になればうれしい。

「とらえどころのない人」をどうやってとらえるか。考えをめぐらしているうちに私は、永さんが中村八大、坂本九と「六・八・九トリオ」と呼ばれ、最後のラジオ番組が『六輔七転八倒九十分』だったような言葉遊び、数字遊びを思い出した。「六輔六面体」。一冊の本を六章に分け、それぞれ別の側面から光を当てて六面体として見ていけば、永六輔像がくっきりと浮かび上がるのではないか。そんな思いつきで本書の構成を組み立てた。

六つの側面は、やはり「肩書き」のようなものがいいだろう。永さんは肩書きにこだわらない人だったが、肩書きの多い人でもあった。放送作家、作詞家、タレント、エッセイスト……。そんなことも意識しながら、第1章から第5章までは本人の表現からとった肩書き風の「前口上」を置き、その分野での人生をたどっていく。「旅の坊主」「ラジオ屋」「テレビ乞食」「遊芸渡世人」「反戦じいさん」の五つの側面である。最後の第6章は、私が朝日新聞の連載「ジャーナリズム列伝」で永さんを取り上げたときの狙いを土台に、「ジャーナリストとしての永六輔」を論じてみたい。

永さんは自ら出した本が、二〇〇冊を超えるという。私がじかに聞いた言葉を含めて本人が語ったり書いたりしたことを引用しながら、ほかの人たちが永さんをどう見ていたかという視点をなるべく取り入れることで、複眼化、相対化、多面化をはかりたいと思う。

各章の末尾には、著書などから本人の言葉を選び、各章のテーマに沿った「六輔六語録」をつけた。

それではどうぞ、ご一緒に「六輔六面体」の世界へ。

第1章

本業は旅の坊主

少年時代。近くの神社の例祭のときか

ぼくの本業はね、坊主です。
……本当に。
旅の坊主です。

ふるさとの寺はいま

「永さんは実にいろんなことをやってきましたねえ」。そんな話を私がしたとき、この前口上のように本人が口にしたのが「旅の坊主」という呼び方だった。

永六輔は、お寺の次男坊として生まれた。父の永忠順《ちゅうじゅん》（一九〇〇～九〇年）は、東京・元浅草三丁目（旧地名は永住町《ながすみちょう》）にある最尊寺《さいそんじ》の一七代目住職だった。都内の寺院を紹介するインターネットのサイトには、「浄土真宗系単立寺院の最尊寺は、菩提山と号します。最尊寺は、誠心院教院法師（元禄3年1690寂）が開基となり創建したといいます」という説明が出ている。

永によれば、元禄三（一六九〇）年に亡くなった初代住職は九〇歳の長寿だったそうだから、生まれたのは一六〇〇年ごろ、つまり天下分け目の「関ヶ原の合戦」があった慶長五年ごろということになる。一六〇三年に徳川家康が江戸幕府を開いているから、江戸時代の初めに浅草に居ついたのだろう。もっとたどれば、永家のルーツは中国の上海あたりとか。はるばる中国大陸からやってきたお坊さんの末裔らしく、永は旅暮らしを好み、自らを「旅の坊主」と称したわけである。

最尊寺は、忠順が亡くなったあと、長男で永の兄の敬順《けいじゅん》が一八代目の住職になった。その没後は永の妹、千房《せんぼう》緋佐子《ひさこ》の夫が一九代目で、現在はその次男が二〇代目を継いでいる。住職の名字も「永」でなくなり、最尊寺で定期的に寄席「永住亭《ながすみてい》」を開いていた永もこの世を去り、すっかり寂しくなってしまったのかと思うと、そんなことはなかった。

二〇一七（平成二九）年四月五日、第一八六回の「永住亭」が最尊寺で開かれた。会場の本堂は六〇人ほどの観客でいっぱいになった。入船亭扇辰《せんたつ》、古今亭志ん吉らが出演し、案内文には相変わらず「肝煎《きもいり》 永六輔」の名がある。世話役が「町内の若い衆、町内の旦那衆」になっているのが、いかにも下町っぽい。

世話役の代表は、一九八六（昭和六一）年二月五日の第一回からずっと「元浅草永住町会」の青年部長が務めてきた。前の青年部長だった前川義治が語る。

「みんなが永さんを忘れないために、肝煎として名前を残しておくことにしたんです。おととし、永住亭をやっている最中に永さんの具合が悪くなりましてね。亡くなられたあと、『もうやめようか』って話も出ました。青年部と相談したら『やめちゃうのはもったいないよね』ってことになって青年部主催の行事として続けていこうと決めたんです。それでも、会場がなかなか見つからない。思い切って緋佐子さんに話をしたんですよ。そしたら『これまで通り、ぜひうちの本堂を使ってほしい』って言われましてね。お互いに遠慮があったのが、『なあーんだ』ってことで一件落着でした」

そうか、「生きている人がその人のことを忘れない限り、その人は死なない」という永の言葉を地元の人たちはこういうふうに受け止めているのか。私は胸が熱くなった。緋佐子も「涙が出るほどうれしかった」という。

緋佐子は永が亡くなる直前に見舞いに行ったとき、永住亭をどうするか永の考えを確かめてみた。答えは「あなたが元気なうちはやってほしい」だった。「町会の人たちが永住亭は続けるとおっしゃってます」と、その後のいきさつを書いた手紙を出したが、返信が来ないまま、死別の日を迎えた。

永住亭は永の没後も毎年四月と一〇月の第一水曜日、年に二回の「春の宴」と「秋の宴」を開くことで話がまとまった。そのつどインターネットの公式ブログ「はい、こちら永住亭。」に告知を出し、参加を呼びかける段取りもこれまでと変わらない。

二〇一七年四月の第一八六回を無事に終えたあと、前川のほか、世話役の長老三人が最尊寺に集まった。永住亭を始めたころの話がはずんだ。

「それまでは近所のお坊さんたちとコミュニケーションがとれなかったのが、永住亭をきっかけに話をするようになったのが何よりだったなあ」

「そう、以前ならあいさつもしなかったのが、同じ目線で接するようになって」

「最初の一〇年くらいは一月を除いて毎月一回やってたから、出てくれた落語家にとってもいい道場になったんじゃないか」

「永住亭を始めたころは見習いから前座になったばっかりだった人が、真打ちになって来てくれるんだから、うれしいよね」

「永さんの人脈がすごかったからねえ。歌手の三波春夫さんが来てくれたときは、びっくりしたなあ。リムジンで来て、お礼をとらずに帰って……」

板金塗装業の渡辺武雄、金属工芸品などを作る会社を経営する横田恒夫、そして最尊寺に近い浄土宗誓教寺の住職、本多英之。永住亭を始めたころはまだ四〇歳ぐらいだった三人は、そろって七〇歳前後になった。

本多の誓教寺でも、かつては落語会をやっていたそうだ。やめてから一〇年ちょっと過ぎたころに永住亭が始まり、本多も手伝うようになった。「永住亭の席で説教をしろと永さんに言われて、ずっとやってたんですよ」と笑う。お寺の落語会でお坊さんの説教。なるほど、と私は永の声が聞こえてくるような気がした。

仏教の難しい教えを面白おかしく伝えようというのから、落語が生まれるんですね。面白おかしくでなく、節をつけてうなって語って聞かせようというのが説経節、これが浪花節に変わってくるんです。

ですから大衆芸能の原点というのは、お寺の高座にあるんですね。

（お寺で落語の会をやるのは）落語が里帰りしてると考えるといいかな。

（TBSラジオ『土曜ワイドラジオTOKYO 永六輔その新世界』二〇〇一年六月一六日の放送から＝特選ベストCD「泣いて笑って旅物語篇」所収）

このCDには、「六輔六日間旅暮らし」という副題がついている。週のうち六日は旅に出て、現地のお寺で落語会もやる。そして週末はラジオに出るために東京に戻り、旅先での見聞を電波に乗せて面白おかしく語る。それが長く続けた永の日常だった。

永住亭を始めるきっかけは、一九八五年の「下町国際シンポジウム」にパネリストとして参加したときに当時の台東区長、内山栄一にこう言われたことだった。「あなたはいつも、村おこし、町おこしといっては、全国の過疎地や離島を飛び回っているが、地元では何もやらんのですか」。この言葉にグサリときた永は家族と相談した。「もともと寄席芸人が大勢住んでいた土地柄。落語だって、寺の説教から始まった話芸だ。地元の人たちと一緒に寄席ができれば、『下町おこし』にもなるんじゃないか――。話はトントン拍子に決まった」という（朝日新聞一九八六年一月二〇日夕刊）。

永住亭は「旅の坊主」にとっても、文字通りの里帰りだったわけである。

母と歩いた病院への道

永六輔は一九三三（昭和八）年四月一〇日、東京の御茶ノ水駅に近い順天堂医院（現・順天堂大学医学部附属順天堂医院）で生まれた。本名は、永孝雄《たかお》。男四人、女二人の六人きょうだいの上から二番目だったが、リンパ節の障害でひときわ病弱だったという。自らこう振り返っている。

二歳の僕は虚弱児。

母の証言では、

「針金のような身体なのに、関節が脂肪のコブで腫れていて、おなかだけがポコンと

母・登代に抱かれて

出ている赤ちゃん」

　痩せているのに腹部だけがポコンと出ている子供は飢餓状況の地帯でよく見かける。

　栄養が身体に行き届かないのだ。

　僕は、生まれた順天堂医院から東大病院の小児科に通うようになる。

　わが家から府立第一高女（現・白鷗《はくおう》高校）の前を通って、不忍池の脇から東大へ、母に背負われて通った。

　もし最初の記憶のようなものがあるとすれば、この母と歩いた道ではないかと思う。病院では当時最先端のラジウム放射線治療、重い鉛の板で身体を包まれて患部にラジウム放射線を照射する。

　そのためだけに通っていた。


（『昭和　僕の芸能私史』朝日新聞社、一九九九年、二二頁）

「母と歩いた道」が、人生最初の旅路でもあったろう。長く記憶の底に宿ったとしても不思議ではない。景色はだいぶ変わっただろうが、永の記憶の一端にでも触れられればと思い、私は二〇一七年の初夏、最尊寺から本郷の東大病院まで歩いてみた。ゆっくりと一時間弱の道すがら、永との縁を感じるものと次々に出あうことになった。

最尊寺は、お寺だらけの寺町の一角にある。「母は長泉寺、祖母は真福寺、曽祖母は円照寺と、全部浅草の寺から嫁いできた」と永が著書『寿徳山最尊寺』に書いているように、親戚のお寺も多い。母・登代《とよ》（一九〇七～九九年）の実家、長泉寺までは歩いてすぐだ。永はおのずと少年時代から寺や仏教のことを考えたに違いない。近くに住んでいたという浪曲師の木村重松をはじめ、芸人たちが最尊寺に出入りしていたことが、芸能への関心につながったのもまた間違いない。

東大病院に向かって歩き始める。最初の信号がある交差点の手前に、都立白鷗高校が見えてくる。校舎の壁に部活動の成績を誇る垂れ幕が下がっている。和太鼓部が「日本太鼓ジュニアコンクール」の東京代表になり、三月に神戸で開かれた全国大会に出場したらしい。スマートフォンで検索してみると、入賞はならなかったようだ。かつて永が足しげく新潟県の佐渡島に通い、若者たちの和太鼓集団「おんでこ座（鬼太鼓座）」や「鼓童」を応援し、日本を代表する和太鼓奏者になる林英哲《はやしえいてつ》らと親交を深めたことを思い出す。

上野のアメ横を横切り、不忍池へ。池を蓮《はす》がびっしりと埋めている。蓮は仏教とのかかわりが深い。例えば、極楽往生の縁を結ぶという蓮の糸。「ラジオの電波が友だちをいっぱいつくってくれた。電波は波でなくて糸だよ」。永はそんなことも言っていた。

不忍池から東大病院へ、ゆるやかな坂を登る。名は「無縁坂」。そのデビュー前から永が目をかけたシンガーソングライター、さだまさしの曲「無縁坂」が自然と口をつく。「しのぶしのばず無縁坂～　かみしめるよおなー　ささやーかなぁー　僕の母の人生」。年老いた母への息子の気持ちは、永の思いにもつながるだろう。

いささか脱線しすぎたようだ。しのばずの池という名とは裏腹に、永六輔をしのぶコースになったかのような東大病院への道は、別の施設や病院への道にもつながっていた。『昭和　僕の芸能私史』には、こんなくだりがある。

僕は浅草から幕張の、病弱児、障害児の施設へ移る。
家族と別れて、初めての一人暮らしだ。
それまでも病院に入院していたことはあったが、母が付き添っていてくれた。

このあと聖路加病院にも入院し、永は学校に行けない期間が長かった。「だから、とんでもないことを知らないことがあるんだよ。みんながびっくりするけど、変なことに詳し

いくせに意外に抜けているところもある」。本人はそう言って笑っていたが、教室で教わることが少なかったとしたら、それを埋めるように自分の足や頭を使って調べ、学ぶ努力を惜しまなかったのではないか。「ぼく、努力したことってないの。努力するのって恥ずかしい」と言いつつ、努力しているそぶりを見せなかっただけではなかったか。

妹の緋佐子は「兄は父の影響が大きかったですね」と振り返る。永によれば、父の忠順は東京専門学校（現・早稲田大学）で東洋史を専攻し、学生時代から大蔵経を訳すほどの学僧だった。浅草オペラの花形だった田谷力三の歌を口ずさみ、浅草に住む芸人たちと付き合い、寄席通いも欠かさなかった。

父・永忠順と＝大石芳野撮影

「結核で体は丈夫じゃなかった」と緋佐子が言うように、交通事故による骨盤骨折や肺の切開手術で入院生活が長く、晩年は出歩くことも難しくなった。「最尊寺で寄席をやれば、お父さんも見られるから」。永は緋佐子にそう言った。永住亭は、親孝行の産物でもあったのである。

長い手紙を書き、書き終えると夜中でもすぐ郵便ポストに投函しに行く。父のそんな姿を緋佐子は覚えている。永は、長い手紙をたくさん受け取った。いかにいっぱい書いたかは、生涯で二〇〇冊以上の本を出したという永が、出し始めの一〇冊目くらいのところで、父の手紙と自分の文章を往復書簡のような体裁にして三冊連続で出版したことでよくわかる。その最初の一冊の「まえがき」に、こう書いている。

> 親父はこの出版の話にオドオドするばかりで、恥ずかしいからいやだと繰り返し断わった。
> 結局、おふくろに励まされて承諾してくれた。
> 親孝行という意識はない。素直に、親父の手紙を素晴しいと思って、まとめる気になったのである。
> （『街＝父と子』毎日新聞社、一九六九年、三頁）

父親が言ったという「恥ずかしい」という言葉を、永から私は何度聞いたことか。おそらく永が使った形容詞の中でダントツの回数だったと思う。誰かに強く押されると恥ずかしくても引き受けてしまうところを含めて、よく似た親子だったのではないか。父は昭和天皇、自分は平成の天皇（昭和の皇太子）と同年生まれということも、永はよく口にした。

僕と親父は、皇太子と天皇のように、親子そろって、オドオドと生きている。妙に落ちつきのない、それでいて虚勢を張ったりする、つまりは「家業」に自信がないのだ。

皇太子だって、きっと、僕のように歌手になったり役者になったり、してみたいに違いない。

（『寿徳山最尊寺』三月書房、一九八二年、一四頁）

「家業」に自信がないとはどういう意味か。父と離れて暮らすことになる一〇代前半の時期に光を当てながら見ていこう。

旅の原点は学童疎開

「永さんにとって旅の原点は？」。そんな私の質問に対し、すぐに答えが返ってきた。「やっぱり、学童疎開だろうね」

永が八歳の年にアメリカなど連合国軍と戦争を始めた日本は、敗色が濃くなり、東京も空襲を受けるようになった。東京にいては子どもたちの命が危ない。永が一一歳の一九四四（昭和一九）年六月三〇日、政府は閣議で「学童疎開促進要綱」を決め、八月には地方への学童疎開が始まった。永が通う浅草の新堀国民学校（当時は小学校をこう呼んだ）の疎開先は宮城県白石の小原温泉だったが、親戚や知人のつてがあれば縁故疎開という道もあった。永家は、永が病弱なこともあって、父と兄が東京に残ることにして、母が子ども五人を連れて長野県北佐久郡南大井村（現・小諸市）に縁故疎開した。「縁故といっても親戚知人は全くいない、見知らぬ土地。すがる思いで知人の知人という伝《つて》を頼っての疎開だった」（『昭和　僕の芸能私史』）という。

疎開先の話になると永は、差別され、いじめられた体験を語った。私は新聞連載でこう書いた。

学校ごと移る集団疎開ではないし、何しろ名字が中国系。

「シナポコペンとかチャンコロとか呼ばれていじめられるのは、東京でも同じ。でも、小諸で靴をはいているのは東京の子だけだし、戦争で大変な時に余計な人間が来て、ニコニコ迎えるわけがありません」

相手の気持ちもわかる。「いじめられ方を楽しむことにした」と振り返る。心の強い子は、体もみるみる元気になっていった。「転地療養になったのでしょう」

浅草には、無理に退院して疎開した息子を心配する父と兄がいた。45年3月9日深夜、東京を大空襲が襲う。最尊寺も全焼、永の少年期の写真などは灰になった。敗戦が迫っていた。

（朝日新聞二〇一一年五月一八日夕刊）

集団疎開なら東京の級友たちと一緒だが、永の場合は一人で見知らぬ教室に飛び込んだ。しかも、永家のルーツである中国は当時、日本が戦争をしている敵国だった。いじめられないわけがない。

疎開先の国民学校（小学校）時代

鬼畜米英、一億火の玉、出て来いニミッツ、マッカーサーを合言葉に、竹槍の訓練は、戦車に対する体当たりの自爆作戦にまでなった。

そんな時に僕は先生が引く大八車に乗せられて敵兵を演じる。

子供が一升瓶をかかえて、走る大八車の下に飛び込むと、ドカーンと叫び、そのたびに敵兵は戦車から落ちなければならなかった。

僕は敵兵を演ずるということを楽しみ始め、従軍看護婦（女子生徒）は、敵にも優しくしてくれた。

（『昭和　僕の芸能私史』七三頁）

いじめられながら、むしろそれを楽しむ。仏教の徳の一つ「忍辱《にんにく》」が私の頭に浮かんだ。忍辱とは、哲学者の梅原猛によれば「辱《はずかし》めを耐えろ」という意味である。梅原は自分自身の体験を紹介しながら「私はぼろくそに言われると、かえって喜びを感じた。ぼくもお釈迦さんと同じことができたんだと思うと心がうれしくなる」と述べている（『梅原猛の授業仏教』朝日文庫）。永も似た心境だったのではないか。

さて、気になるのが「『家業』に自信がない」という永の言葉である。「寺の子でないといいな、と何度考えたことか」といった言い方もしていた。どういうことだろう。

早い話が寺というのは死ぬるのを待つわけではないけれど他人の不幸で生活するといった一面があるわけです。（略）

人間が死に続ける以上、寺の仕事は習慣の上からもそれなりに大切ですから否定はしないけど、後ろめたいのはたしかなわけです。

僕は子供心に葬式がないかなァと期待していましたよ。葬式イコール収入でしょ、葬式があるとホッとするけど、そんな自分がとてもいやだったなァ。

（野坂昭如・寺山修司・永六輔・野末陳平『新戦後派』毎日新聞社、一九六九年、一三五〜一三六頁）


最尊寺は小さなお寺で、収入は少なかったようだ。戦時中、学校で月謝の滞納の言い訳をして帰った夜に不幸があると、「あ、これで払える」と思ったこともあると永は語っていた。「サイソンジって、どんな漢字ですか」などと問われようものなら、「ああ、恥ずかしい」と消え入りそうになるのだった。「最も尊い寺なんて、偉そうに説明できます？尊敬されないように注意する。それがぼくの生きる知恵です」


おもて向きは「最尊寺のお坊っちゃま」でも「坊主丸もうけ」「乞食坊主」「糞坊主」といった悪態が同じ口からついて出るのだった。

こうして、尊敬される面と軽蔑される面を持ったことが、僕の性格を形成する上で大きな影響を与えている、と思う。

（『寿徳山最尊寺』四一頁）

少年時代にいじめられた体験は永にとって、「生きとし生けるものはみな平等」という仏教の考え方が自然に身につく機会になったようにも見える。

当時の永が親近感を覚えた二人の子について触れておきたい。

一人は、疎開先の学校で同じようにいじめられていた、被差別部落から通ってくる子だった。仲良くなって家に遊びに行くと、電気は来ているのに電灯はなく、ランプ暮らし。永は、ランプの掃除を手伝ったという。

もう一人は、浅草で隣の国民学校にいた「青い目で金髪の学童」。噂を聞いて、永はその子を「見物に行った」そうだ。「実に堂々としていて、見物のガキどもをにらみ返し、僕もバッチリとにらまれた」（『昭和　僕の芸能私史』）。在日トルコ人で、のちに日本国籍を取るロイ・ジェームスだった。永は戦後、ロイが司会のラジオ番組『トリス・ジャズ・ゲーム』（文化放送）に放送作家としてかかわり、放送作家が中心になった野球チーム「東京ライターズ」でも一緒に野球をする仲になる。

ロイ・ジェームスといえば、文化放送で一九六〇年に始まり、やがてニッポン放送に移って八〇年代まで続いたラジオ番組「ロイ・ジェームスの意地悪ジョッキー」の江戸っ子らしいべらんめえ調の辛口をご記憶の方もおられよう。少年期に差別された体験をばねに「徹底した意地悪は中途半端な親切よりも優る」と達観し、ユーモラスで風刺のきいた語りの境地に達したのかもしれない。永に通じるものがあると感じるのは私だけだろうか。

戦後の焼け跡へ

一九四五（昭和二〇）年八月一五日正午、天皇がラジオで敗戦を国民に告げた。永は、この玉音放送を疎開先の校庭で聞いたという。ガーガーピーピー。ラジオは雑音だらけで、よく聞き取れなかった。驚いたのは、先生の行動だった。ここでも私の新聞記事から。

教室に戻ると、若い担任教師が教壇に正座し、声を震わせながら頭を下げた。「日本が勝つと先生は言ってきたが、負けた。うそをついたことを謝る」「まもなく天皇陛下が責任をお取りあそばす。その日に、先生はここで切腹する」

子供たちは顔を見合わせた。先生が切腹したら、僕らも後を追うのか。先生が教室を出て行ったあと、級長が言った。

「先生が切腹するとしたら、その日の掃除当番を増やしたい」

みな強くうなずいた。

その後、先生が切腹する機会は来なかった。ホッとしながら、子供たちは知った。大人はうそをつく。責任をとる大人と、とらない大人がいる――。

（朝日新聞二〇一一年五月一九日夕刊）

この体験で永は、歴史の先生になろうという気持ちを強くしたという。のちに早稲田大学で専攻するのも歴史学である。「戦争が終わったことは東京に帰れることだった。戦争に負けた口惜しさより、帰れる嬉しさで一杯だった」（『六輔からの親展』）が、すぐには帰れなかった。先に触れたように、三月の東京大空襲で実家の最尊寺は全焼し、父や兄も焼け出されていたからだ。永は翌春、小諸に近い旧制上田中学に進学する。

海軍予科練や陸軍幼年学校、学徒動員などから戻った上級生たちが、すっかり自信を失った先生たちをつるし上げる。それが日常の光景だった。

ある朝、全校生徒を講堂に座らせて、校長が言った。

「暴力行為に参加した者は立ちなさい」

1年生では、永ともう1人が立った。もっとたくさんいたはずだ。立たない仲間が許せなかった永は、この日を境に学校に行かなくなった。

「楽しみはラジオだけでした」

ラジオからは明るい「リンゴの唄」が流れていた。民主化を進める連合国軍最高司令官総司令部（GHQ）の指導で、街の声を聞く「街頭録音」やクイズ番組「話の泉」など、アメリカ流の番組が次々に始まっていた。

翌47年、永は東京に戻り、早稲田中学に転入した。焼け跡で集めた金属を現金に換え、秋葉原で部品を買って鉱石ラジオを組み立てる。そんな少年グループのリーダーが、5歳上の田所康雄。のちの名優、渥美清だった。（同前）

永は、疎開時代のことをあまり語りたがらなかった。「いい印象がないから、上中《じょうちゅう》（上田中学）は」とか「忘れる努力をして年を重ねた」とか、否定的だった。

「和解」は、疎開から五〇年以上過ぎてからだ。一歳上の作曲家、小林亜星と学童疎開の話になり、同じ時期に小諸にいたことがわかったのがきっかけだった。小林は永とは違って学童疎開を懐かしがり、毎年のように小諸に出かけていた。永も「考えてみれば時代が不幸だっただけで、ぼくが小諸を恨むのはおかしい」と考え直した。

一九九八（平成一〇）年四月二五日、永と小林は小諸市民会館でコンサートを開いた。作詞・永六輔、作曲・小林亜星の「小諸わが想《おも》い出《で》」が披露され、会場の市民と一緒に歌った。当時の朝日新聞に掲載されたコラム「旅心の風景」に、永は「還暦を過ぎた学童疎開世代が、再び、都会と疎開先をつないで、ささやかな平和運動になれば」と書いている。

永の一家は結局、三年ほどを疎開先で暮らした。しばしば小諸に来ていた父が、一九四七年六月二五日の日記に子どもたちの当時の様子を書き留めている。

孝雄――ふだんから、あまり太ってはいないが、何だかやせたようだ。勉強家で心配性なこの子は、いつも、家の経済や、食糧のことを、気にしているらしいのが眼に見えて、それが私の心を衝く。気性も、女にしたらと思うほど、やさしい所がある。一つの机と、相当の参考書でも、宛てがっておいたら、さぞ喜んでくれるだろうにと、思うのだけれど……。

（『街＝父と子』二〇八〜二〇九頁）

どんな少年だったか、目に浮かぶようだ。

東京に戻った永は、焼け跡でたくましく生き始めた。東京より食糧事情が良かった地方への疎開が確かに「転地療養」になったのだろう。病弱どころか、タフさを売り物にする若者へと育っていく。ガキ大将だった渥美清との友情は、終生変わらなかった。疎開先で聴いていたラジオは、聴き手から送り手へと転じて、永の人生を支えていく。

旅とラジオ・テレビ・歌

永は、中学二年生の途中で帰京。早稲田中学、早稲田高校へと進む。そこでとりわけ大きな影響を受けたのは、二人の先生だったという。

一人は、美術を教えていた洋画家の西村計雄《けいゆう》。永によると、「俺より絵がうまい」などと言って全員に一〇〇点をつけるような先生で、絵が好きな永と気が合った。だが、一九五一年に学校をやめて渡仏（『評伝・西村計雄』）。永は相当ショックを受けたらしい。その後、西村はパリを拠点に画家として活躍。永もフランスに行ったときに訪ねている。

もう一人は、二本松嘉瑞《かずい》。社会の先生だったが、授業は「まるで映画の時間だった」と永は振り返る。二本松はのちに松竹大船撮影所に入り、木下恵介監督や黒澤明監督のもとで助監督を務めたあと『恋人よ』で監督デビュー、『昆虫大戦争』などの作品を残した。

永は早稲田中学で、仲間と「映画研究会」をつくった。雑誌『映画之友』の「友の会」にも入り、そこで出会ったのが『映画之友』編集長で、のちにテレビの映画解説者として人気を集める淀川長治だった。「映画を見る前に歌舞伎を見なさい」「一流のものなら、なんでも興味を持って見に行きなさい」。淀川のこの教えをずっと守って生きた、と永は語っていた。友の会には、長じてイラストレーターとして名をなす和田誠や横尾忠則、写真家の篠山紀信といった面々がいた。いずれも永が親しく接することになる人たちである。

労を惜しまず、面白そうなところへ首を突っ込む。永の野次馬魂は、淀川長治に背中を押されたわけだ。「毎年、夏の一ヵ月を旅行する習慣がついたのは早稲田中学の頃からか」（『旅行鞄はひとつ』）というから、旅好きも当時からだろう。

永は、ラジオ番組『日曜娯楽版』にコントの投稿を始め、その番組を作っていた三木鶏郎に認められて放送作家になっていく。その話は次章で詳しく述べることにして、「旅の坊主」の視点ではずせない番組に絞って触れておく。

「六輔六日間旅暮らし」が常態になったあとの番組として大事なのは、次の三つである。

①ＴＢＳラジオ『どこか遠くへ』（のち『永六輔の誰かとどこかで』にタイトル変更）一九六七年一月二日〜二〇一三年九月二七日（特別番組はその後も放送）

②ＴＢＳラジオ『土曜ワイドラジオＴｏｋｙｏ』一九七〇年五月一六日〜七五年三月二九日→『土曜ワイドラジオＴＯＫＹＯ　永六輔その新世界』一九九一年四月一七日〜二〇一五年九月二六日→『六輔七転八倒九十分』二〇一五年九月二八日〜一六年六月二七日

③読売テレビ制作で日本テレビ系の旅番組『遠くへ行きたい』（当初のタイトルは『六輔さすらいの旅・遠くへ行きたい』）一九七〇年一〇月四日〜現在も放送継続中

①と③の番組冒頭に流れる曲は、永が作詞した「遠くへ行きたい」である。この曲がNHKテレビ番組『夢であいましょう』で「今月の歌」として流れたのは、一九六二年五月だった。『夢であいましょう』が旅番組の母体だったと言っていい。「本格的に旅をしようと思ったのは、どの時点ですか？」という私の問いに対し、本人はこう語った。
「やっぱり『夢であいましょう』の前後から、地方の芸能、お祭りの取材だね。小沢昭一さんも歩いたろうけど、ぼくもほぼ歩きました」

――『遠くへ行きたい』で旅をする話もタイミングが良かった？

「全くうまく行ってるんですよ。うまく行くように仕組んでいくっていうか。もちろん、その前から旅をしているからうまく行った。あれで始まったんじゃなくて」

歌では、作詞・永六輔、作曲・いずみたくで、デューク・エイセスが歌った「にほんのうた」シリーズを見落とせない。一九六五年から六九年まで四年かけて、全都道府県の「ご当地ソング」をつくった。「いい湯だな」（群馬県）、「筑波山麓合唱団」（茨城県）、「女ひとり」（京都府）など、今なお愛唱される曲が多い。間違いなく、永が日本中を旅していたからこその作品群だった。

一九六一年から六六年まで放送された『夢であいましょう』の「今月の歌」はすべて、作詞・永六輔、作曲・中村八大だった。「上を向いて歩こう」「こんにちは赤ちゃん」「遠

く へ行きたい」などを生んだ。そのあとに続いたのが「にほんのうた」シリーズだった。

こうして見ると、永は中村八大、いずみたくという作曲家とそれぞれ二人三脚で走り、旅の歌を含む名曲を六〇年代のほぼ一〇年で作りきったことになる。

そして、二つの番組の主題歌になった「遠くへ行きたい」が象徴するように、六〇年代に生まれた歌が、七〇年代以降のラジオ・テレビで永の長寿番組につながっていった。

旅でつながっていく人々

「旅の坊主」を語るときに欠かせない人たちがいる。

まず何といっても、民俗学者の宮本常一《みやもとつねいち》(一九〇七～八一年)である。

「永クン、放送の仕事をするなら、スタジオでものを考えてはいけない。電波の飛んでゆく先で話を聞いて、そこで考えてスタジオに戻ってくるべきだよ」

宮本常一さんのこの言葉は折に触れて暗唱してきた。

こうして、原則として土曜日には東京に戻るという暮らしになった。

その旅先で聞いた多くの言葉が活字になった。

(『昭和　僕の芸能私史』二三六頁)

宮本は『忘れられた日本人』（岩波文庫）などの著作で知られる。全国津々浦々を調査に歩き、「旅の坊主」の先達のような人だった。一九七〇（昭和四五）年に佐渡で和太鼓集団「おんでこ座」を始めた田耕《でんたがやす》とも親しかった。宮本は著書でこう振り返る。

田君は（昭和）四十五年八月に佐渡でおんでこ（鬼太鼓）学校をひらくことにした。私はその講師として出かけていって若い人たちと四日ほど行動をともにした。七日ほどの夏季学校だったのだが、参加した者の何人かがおんでこ座に入座し、この集団は活気を持ってきた。私の願いは「佐渡という日本の片隅にいてもその芸能がすぐれたものであれば、正しく評価されるであろう。都会だからすぐれている、田舎だから劣るという概念を、こうした運動を通じて破ることができたらどんなに地方の多くの人びとを勇気づけるであろう」ということであった。

（『民俗学の旅』講談社学術文庫、一九九三年、二一四頁）

この「おんでこ座夏季学校」の講師として、永も参加していた。若者たちに教えるだけでなく、宮本に教わることも多かったに違いない。ラジオで『永六輔の誰かとどこかで』と深夜放送『パック・イン・ミュージック』をやりつつ、この年五月から『土曜ワイドラジオＴｏｋｙｏ』も始め、一〇月からスタートするテレビ番組『遠くへ行きたい』の打ち合わせにも入っていた時期だった。宮本の言葉で旅と放送（特にラジオ）の仕事を結びつける理屈を獲得したうえで、その後の道筋が定まった夏の旅だったと見ていいだろう。

永は一人旅を好んだとはいえ、一緒に旅をした人も少なくない。妻の昌子とは、結婚記念日の前後に旅行するのが恒例だった。「渥美清は、ぼくたちの新婚旅行にまでついてきたんだよ」とうれしそうだった。黒柳徹子は「仙台に行く途中、鞄の中から器と生野菜を出して、アッというまにサラダをつくり、喰べさせてくれたのには驚いた」（『旅行鞄はひとつ』）。

国内だけでなく、海外へもたびたび旅をしている。作曲家の中村八大、作家の有吉佐和子は、海外の日本人学校を訪ねる旅をする仲間だった。中村八大が一九九二（平成四）年六月一〇日に亡くなったとき、永はこんな追悼文を書いている。

この秋、中村八大さんとブラジルの日本人学校へボランティアのピアノ演奏に行く予定が決まっていた。

八大さんは青島《チンタオ》の日本人学校出身、かつて有吉佐和子さん（バタガヤ日本人学校出身）とボランティアで子供たちを励ましに行こうという話があり、八大さんは悪い体調の中でも海外を歩いていた。

ジャカルタでは学校で倒れたこともあったほど。日本人学校の子供たちは国際人のタマゴなのだからというのが八大さんの考えで、彼らを励ますことに熱心だった。

国内でも八大さんは作曲家であると同時に常にピアニストだった。

病院から舞台へ、舞台から病院へという演奏旅行が続いた。

かつて最高のジャズコンボといわれたビッグフォアの華やかな舞台から、離島の小学校、刑務所に至るまで、ピアノを弾くことをいとわなかった。

八丈島での「八大イン八丈」などごろあわせも喜んでくれた。


（朝日新聞一九九二年六月一七日夕刊）


中村は中国の青島、有吉はインドネシアのジャカルタで子ども時代をすごした。もっと言うと、永の妻・昌子は、中国の北京で日本人学校に通った。そのことを胸に永は世界各地の日本人学校を訪ね、「国際人のタマゴ」を励まし続けた。

二〇〇八年六月に私が永の取材をしたとき、「インドネシアに四日間、行ってきたばかりなんだよ。行ったのはジャカルタだけ、日本人学校だけ。海外は日本人学校以外の旅はあんまりしない」と話していた。中村と有吉がこの世を去ったあとも、年に二回くらいは日本人学校を訪ねてきたという。講演をしたり、手話の歌を教えたり。親友二人の遺志を受け継いで生きたところが、いかにも永らしい。

孫へのたすきリレー

亡くなる直前まで、永は「旅の坊主」にこだわった。

テレビ番組『遠くへ行きたい』への出演は、二〇一三年七月二一日と八月一一日の放送が最後になった。当時一九歳の孫で俳優の育之介が押す車椅子に乗って訪ねた先は、京都だった。かつて永が「にほんのうた」シリーズで「京都　大原　三千院　恋に疲れた女がひとり〜」と歌う「女ひとり」を作詞した古都である。

「車椅子には車椅子の旅があります」。番組でそう言って永は橋を渡る。立って歩けば見下ろせる川が、車椅子の低い位置からは欄干が邪魔で見えない。「見える世界が変わってくるんですね。目の位置って大事だと思いました」。時には大人が子どもと同じような低い目の位置から景色を見る意味を語りたかったのだろう。

そのあと、親しい作家で、尼僧の瀬戸内寂聴を訪ねた。「きょうは永六輔さんが見えてるんですよ」。瀬戸内がそう言うと、お堂に集まった人たちから歓声がわく。永は「みんなぼくのことを注目してるんです。パーキンソンのキーパーソンというふうに」といつもの冗談を言って笑わせる。「笑える余裕を持ちましょうね、どんなにつらくても」。病も悩みも、あるいは権力や権威も笑いで吹き飛ばそうという、永らしい人生訓話。聴いていた人たちも納得の様子だった。

二〇一六年一月一〇日には、TBSラジオで『永六輔の誰かとどこかで　二〇一六年初場所』が放送された。収録前の打ち合わせで、プロデューサーの橋本隆は、自分が考えたゲスト案を示した。永からは反応がなく、沈黙のまま五分ほど過ぎただろうか。「孫の育之介がアジアの旅をしてきた。その話を聞きたい」。突然、永がそう言った。橋本は驚いた。一九六〇年代から永のラジオ番組を担当してきたが、身内をゲストに呼びたいなんて言い出すのは初めてのことだったからだ。孫の旅がいかに面白かったか、永は懸命に説明し始めた。おじいちゃんが孫かわいさのあまり熱弁をふるう。そんな感じだったという。「今回はほかのゲストは無理だな」。橋本はそう思った。

実際に放送された番組は録音を聴き直しても、実に面白い。六輔じいさんと孫の部分だけを大胆に抜き出して要約するとこんなふうだった。

六輔　最近、旅の様子が変わってきました。自分の番組に家族が出るのは好みじゃないけど、びっくりする旅だから。

育之介　好みじゃないのに、来ちゃいました（笑）。去年の夏、一カ月半でアジアをバックパッカーしてきました。バンコク行きのチケット以外は、行ってからスマホで予約して、カンボジア、ラオス、ミャンマー、ネパール、インドとまわって。

六輔　いい旅をしたと思うけど、旅の仕方が全然わからない（苦笑）。

育之介　発展途上国で、子どもがどう育てられているのかを見たかったんです。治安とか心配だったけど、親にもラインで連絡できるから日本と全く変わらない感じ。インドで、遺体が運ばれてきて焼かれるのを一日中見ていたとき、不思議な気持ちになりました。同い年の僧侶と仲良くなって、朝の托鉢を見たり、仏教のことなどを教えてもらったり。ミャンマーで丘の上に寺院があって、「上を向いて歩こう」が聞こえてきたんですよ。体操する時にかけてるらしい。ぼくのおじいさんがって英語で言ったけど、伝わらない（笑）。

六輔　聞いててわかるけど、話が合わないんだよね。変わった旅だ。

育之介　スマホで自分がどこにいるかがわかる。迷子になることができないんだって思ったら、ちょっとさびしくなりましたね。

六輔　またすぐ戻りたいって気分はない？

育之介　さすがに疲れたし、足もむくんだし。でも特にインドは面白かったから、すぐにでも行きたい。日本は本当に豊かだと認識できたし、逆に彼らの生命力はすばらしい。

六輔　また行っといで！

この収録からほどなく、永は背中の痛みを訴えて入院。橋本が見舞いに行くと、病室には「育之介、もう一度」と永が書いた貼り紙がしてあった。旅のことか、番組のことか。おそらく両方だったろう。

孫の世代にたすきを渡し、「旅の坊主」が永遠の旅に出たのは半年後のことだった。

六輔六語録❶

僕が娘達にしてやれたことで自信があるのは、旅と劇場に出かけることを惜しまなかったことですね。

❖

「旅に出なさい」と言い続けたのは自分が旅に出ることで、どれだけ学ぶことが多かったかを自覚しているからです。

（『永家物語——父と子と孫の三代噺』ＰＨＰ研究所、一九八六年、一八三頁）

❖

結局のところ旅に出るということは人に逢うことだと思う。

なによりも生きている人間は素晴らしい。

美しい、面白い、そして悲しい。

（『遠くへ行きたい』講談社＋α文庫、一九九五年、一四五頁）

❖

僕がいう旅は、地理の上だけの問題じゃないわけです。つまり平面的な旅じゃなくて、あしたのことを考えるのも旅、十年前のことを思い出すのも旅、という意味。時問的に旅をとらえたいわけです。

（『旅＝父と子』毎日新聞社、一九七〇年、二〇九頁）

❖

旅行鞄はひとつ。

それが隣の町でも、世界の果てでも、旅行鞄はひとつ。

しかも、出来るだけ小さく、軽く。

その鞄を片手に、あるいは肩にかけて旅に出る。

そうすれば、あいている手で、人助けが出来る、ものを拾うことも出来る、危険を防ぐことも出来る。


（『旅行鞄はひとつ』日本交通公社、一九七八年、三頁）

❖

阿弥陀仏という方がとても大事にしていた教えの一つに、「だれかを救うことによって自分も救われる」というものがあります。

そうすると「南無阿弥陀仏」という言葉は、「だれかを救うことによって自分も救われるという考え方が好きです。そういう考え方を私はします」という意味です。

「南無阿弥陀仏」を唱えるとはそういうことです。

この教え、今ふうの言葉に直せば「ボランティア」と同じです。


（『学校ごっこ』日本放送出版協会、一九九七年、一二一頁）

❖

漁師さんたちは、海と森が恋人同士で、その間を流れる川はラブレターだといっています。森を大事にしないと海が汚れるぞ、海を大事にしないと森が汚れるぞ、というメッセージが込められているんです。（略）

われわれにとってもまた、海も川も森も故郷なんです。その故郷を大事にしなければいけないんです。（略）

すべての生物の生態系はつながっているんです。そのことを忘れないでいてください。

（同前、一六八～一七一頁）

第2章 早熟の天才ラジオ屋

21歳のころ、三木鶏郎と＝三木鶏郎企画研究所提供

ありがとう　でも
本を書くというのが
苦手で……。

ラジオ屋の
永六輔

「ラジオは等身大だから」

前口上は、本を書いてほしいという岩波書店の編集者に断ったときの絵葉書から。消印は一九九二年五月一三日。岩波側は依頼を重ね、九四年三月に新書『大往生』の発行にこぎつける。二〇〇万部をゆうに超える大ベストセラーになった。

それにしても「ラジオ屋」である。赤坂の消印だから、TBSのラジオ番組『永六輔の誰かとどこかで』の収録後にでも投函したのだろうか。前年には『土曜ワイドラジオTO

KYO　永六輔その新世界』で生ワイドにも一六年ぶりに復帰。聴取率調査で一位になり、「ラジオ屋」として自信を深めていたに違いない。

この葉書を出した二日前の五月一一日、永の作詞で「見上げてごらん夜の星を」などの名歌を生んだ作曲家、いずみたくが六二歳で亡くなった。六月一〇日には、やはり永とのコンビで「上を向いて歩こう」などを世に出した作曲家、中村八大が急逝する。永が「作詞はやめる」と宣言して二〇年以上たっていたが、ほとんど二人とだけ歌を作ってきた永にとって、昔のような作詞家に戻る道は絶たれた。

もちろん、永は作詞を本業と考えたことはなかったようだし、「ラジオ屋」あるいは「ラジオタレント」と自称したのも、このころが最初ではない。テレビの仕事に距離を置こうと思い始めたのが、作詞より先かもしれない。

例えば『昭和　僕の芸能私史』の一九六四年の項に、こんなことを書いている。

この年のテレビで忘れられないのは東京オリンピックの中継だ。

開会式から競技場、レポーターとして現場にいて、それなりの興奮を受けとめて帰ると、わが家でテレビを見ていた家族のほうが、さらに興奮しているのである。

テレビのほうが観客席よりも多くの情報を受けとめているという現実。

現場の人間のほうが見えていないのである。

例えば現場の人間は必要以上に声が大きくなる。周囲の音や声に負けまいとするからだが、つまるところ現場にいるのに全体像が摑めていないのである。

テレビの力を良かれ悪しかれ知らされると同時に、これは距離をおいて歩くべきだと思うようになった。

僕がテレビタレントと名乗らず、ラジオタレントという肩書を大切にしたのは、このころからである。


私は二〇〇八年に新聞で「ラジオの時代」を連載したとき、永に質問した。テレビにはめったに出ず、ラジオにこだわるのはなぜか。

「ラジオは、等身大だからです。テレビは、意味もなく大きすぎます。何でもないことを大げさに騒いだり、とんでもないやつがとんでもないこと言っても人気が出ちゃったり」

――ラジオが「等身大」というのは？

「ラジオは無理に大きく見せなくていいでしょ。僕は僕のままで、スタジオでも時にうとうとしたり言葉を間違えたり。聴いてる人もご近所の人のような感じがするし、投書に返事が書ける程度に等身大。テレビだと量が多いし、メール、ブログなんてとてもついていけません」

（朝日新聞二〇〇八年七月八日夕刊）

当時、『久米宏ラジオなんですけど』で久米がTBSラジオに復活していた。永とは一九七〇年からの『土曜ワイドラジオTokyo』で、TBSアナウンサーとしてレポーターを務めて以来の仲だ。久米は、黒柳徹子との司会で人気を呼んだ歌番組『ザ・ベストテン』（TBS系、一九七八～八五年）や、キャスターとして報道番組のあり方を変えた『ニュースステーション』（テレビ朝日系、一九八五～二〇〇四年）で有名だが、自分を育てたラジオへの思い入れが強い。

当然のごとく、私の新聞連載「ラジオの時代」にも出てもらった。そのとき久米から聞いた言葉は、永の気持ちと共鳴していた。

「テレビって皮膚をはがされるような疲れがあるんですよ。すり減るって感じ。ラジオは見られていることをあまり気にしなくていい分、すごく楽です。番組終わって家に帰っても、仕事してきたというより、みんなとお茶飲んで騒いできたっていう感覚がありますね」

「テレビカメラがあると自分を飾ってしまうなんてことがあるでしょ。心に伝える力はラジオの方が強い。新しいラジオの時代がやってくるかもしれない、という予感があります」

歌とラジオは一体

永は晩年まで四時間半の生放送『土曜ワイドラジオＴＯＫＹＯ　永六輔その新世界』に出続けた。次の時間の『久米宏ラジオなんですけど』に引き継ぐのを生きがいにしているように見えた。一一歳下の久米（だけではないが）にたすきリレーし、自分がいなくなったあとのラジオの未来を託そうとしていたのだと思う。

それは同時に、先達からの恩を後輩に返そうという気持ちにもつながっていただろう。

「作詞はやめる」と宣言したにもかかわらず、作詞・永六輔、作曲・中村八大で新たな歌を作り、自ら歌手としてコンサートで歌い、レコードも出した時期がある。一九七四年の歌手デビュー曲は「生きているということは」だった。

生きているということは

誰かに借りをつくること
生きていくということは
その借りを返してゆくこと
誰かに借りたら誰かに返そう
誰かにそうして貰ったように
誰かにそうしてあげよう

生きていくということは
誰かと手をつなぐこと
つないだ手のぬくもりを
忘れないでいること
めぐり逢い愛しあいやがて別れの日
その時に悔まないように
今日を明日を生きよう

人は一人では生きてゆけない

誰も一人では歩いてゆけない

そもそも、歌とラジオは一体のものとして永の前に登場した。戦後すぐに疎開先の長野県で聴いたのが、歌と風刺コントのNHKラジオ番組『歌の新聞』だった。いったん打ち切られたあとに『日曜娯楽版』という番組名で復活し、永はこの番組に投稿したコントが認められ、放送作家になっていく。

この二つの番組の中心にいたのが、三木鶏郎《みきとりろう》（一九一四～九四年）だった。永が放送人としての入口で大きな借りをつくることになる三木は、どんな人物で、どんな番組を作っていたのだろうか。

三木は、生放送で消え去る番組を何とか後世にも伝えようとした。亡くなる直前の一九九四年に出した『三木鶏郎回想録』（平凡社）などを録音CD付きで残してくれたおかげで、私たちは三木や番組の実像に近づくことができる。

『日曜娯楽版』の録音から伝わってくるのは、悲惨な戦争が終わった時代の解放感だ。「日曜娯楽版！　日曜娯楽版！」。新聞売りの声で始まり、明るく軽快な音楽が続く。新聞のようなジャーナリズム精神を土台にしつつ、紙の新聞にはできない音楽や声の力を生かした楽しい番組を送り出そうとしていたのだろう。

三木の本名は、繁田裕司《しげたひろし》。東京で生まれ、東京大学法学部を卒業して会社勤めをしていたところに召集令状が来て陸軍へ。大尉で戦争が終わったときは三一歳。会社に戻って復職届に印鑑を押そうとした瞬間、ブラスバンドの音が聞こえてきて「運命が戸を叩いた」という。軍隊時代も作曲家の諸井三郎に師事していたほどで、せっかく平和な時代が来たのだから、音楽の道へ進もうと決めたのだった。

作った曲は、獅子文六の戦時中の人気小説『南の風』のもじりだった。

南の風が　消えちゃった
北風吹いてる　焼け跡に
建てた我が家は　トタン張り……

この「南の風が消えちゃった」をNHKに売り込んでみたら、すぐに放送決定。一九四六年一月二九日、三木とその友人の朝川賞郎、秋元喜雄（河井坊茶）が出演する『歌の新聞』が放送された。戦争に負けて、うるさい軍部はいなくなり、占領にやってきたGHQ（連合国軍最高司令官総司令部）もラジオまでは手がまわらずといった「端境期」で、放送局としては何を放送していいかわからずに困っていたのだと三木はあとで知る。

番組は好評で、「毎週やってくれ」とNHK音楽部副部長の丸山鉄雄。ジャーナリスト、丸山幹治の長男で、『日本政治思想史研究』などの著書で知られる政治学者、丸山真男の兄である。「ガンテツ」と呼ばれる硬骨漢だった。

定時番組になったあと、出演者三人は「ミッキー・トリオ」と称した。ディズニーのミッキーマウスから無断借用し、三木鶏郎もミッキー・トリオに漢字を当てただけだったが、アナウンサーが鶏郎を「とりお」でなく「とりろう」と読み間違え、そのままになったという。回を重ねるにつれてメンバーは増え、「三木鶏郎グループ」と名乗ることになった。

ところが、『歌の新聞』は半年後の八月四日で突然、中止になった。GHQの事前検閲を担当するCIE（民間情報教育局）ラジオ課がコントにあった「八紘一宇」を問題にしたのだった。「八紘一宇」は「世界を一つの家とする」という標語で、戦時中に日本の海外侵略を正当化するために使われた。それが戦争に負け、手の平を返したように代々の民主主義者のような顔をしだした世相を風刺したコントだったのだが、CIEの担当者は頑として受け入れようとしなかった。

消えちゃった『日曜娯楽版』

『歌の新聞』が『日曜娯楽版』として復活するのは、一九四七年一〇月のことだ。五日にスタートし、二週目の一二日から三木鶏郎とその仲間たちによる「冗談音楽」のコーナーが加わった。

「進駐軍の検閲官は交替して人が代わったよ。話のわかる人だ」と丸山は言った。

出演者には、そうそうたる面々がそろっていた。三木の弟で『スター千一夜』（フジテレビ）などの司会で名をはせる三木鮎郎《あゆろう》、昭和を代表する人気コメディアンになる三木のり平、歌手で女優の丹下《たんげ》キヨ子……。演奏は、「ジャズドラムスの神様」と呼ばれたジョージ川口、ジャズベーシストの小野満らだった。

番組は三木らによる風刺コントや歌の「冗談音楽」コーナーを中心に構成されるようになり、聴取者の圧倒的な支持を受けた。例えばこんなコントだ。

首相（非常に機嫌よく）「ホホー、オイ議長、今日の国会は、議員が全部揃って大入り満員だね」

議長「エエ首相、やっぱりみんな見たいんでしょうな、首相が失言を取り消すところを」

丸山がある日、三木を検閲官室に連れて行った。紹介された検閲官は、日系アメリカ人のフランク馬場。「アメリカに輸出すべき番組です」という褒め言葉に驚く三木に「『日曜娯楽版』が番組としては聴取率五一%、第一位と出ました」。実際は六三%だったそうだが、まだ民放はない時代、日本一の番組になったことを意味していた。馬場は、『放送文化』誌の五二年二月号に載せた「日本を去る日に」という文章でも、『日曜娯楽版』をこう賞賛している。

「日曜娯楽版」は純日本製の番組であり、NHKが、最も誇るべきものの一つであると確信する。終戦直後の国民の自己嘲笑とウップンに対して安全弁の役を果して来た番組である。かような番組は当然各方面から圧迫を受けるがNHKは当然、誇りを以ってこれを拒絶すべきであろう。この番組が一般聴取者にもたらしたサービスは、初めからパブリック・サービス番組と名乗って電波に乗せられた多くの番組より、実質的にはより大きいパブリック・サービスをして来たと思う。時代は移り形式は変っても、NHKのようなラジオマンが続ける義務のある番組の一つであろう。

(日本放送出版協会編『「放送文化」誌にみる昭和放送史』一〇〇頁)

この言葉と裏腹に、馬場が去ったあとの一九五二年六月八日で『日曜娯楽版』は打ち切られる。翌週からの『ユーモア劇場』に「名前が変わるだけ」と当時の古垣鉄郎NHK会長は説明したが、そうでなかったことはたちまち露見する。

この年の四月二八日、対日平和条約が発効した。日本はGHQの占領から脱して独立を取り戻したわけだが、『日曜娯楽版』の制作現場はフランク馬場のような擁護者を失い、NHK当局や政治権力ともろにぶつかることになった。

五月一日、皇居前広場に突入したデモ隊と警官隊が衝突し、戦後の学生運動で最初の死者が出る「血のメーデー事件」が起きた。五月九日には警官隊が早稲田大学に突入、多くの学生が負傷した。そのキャンパスで新入生だった永六輔の話に戻ろう。

トリロー文芸部でもまれる

永はいつ『日曜娯楽版』にコントの投稿を始めたのか。私には「中学時代」と言っていたが、本人の著書には「中学時代」と「高校時代」が混在している。

『日曜娯楽版』が始まったとき、永は早稲田中学二年だった。初期の著書『一流の三流』（サンケイ新聞出版局、一九六四年）には、中学時代に「自分で組立てたポンコツ・ラジオで聞いたのが『日曜娯楽版』だった。この番組だけが暗くなりがちな生活を救ってくれた。今のように諷刺が成立しにくい時と違って、当時は痛烈な諷刺がそのまま大笑いにつながったものである」とあって、こう書いている。

さて、昭和二十五年の春、僕のアルバイトに大異変が起きた。気まぐれに投書したコントが娯楽版に採用されて謝礼金が送られて来たのである。一日どう働いても二百円がいいところの学生アルバイトが、コント一つで三百円。こんないい商売はないと決心した。そうでなくても憧がれの「日曜娯楽版」に僕のコントが放送されるというので大騒ぎ。

なんとか、放送される現場を見んものと友達といっしょにＮＨＫに出かけた。

（四五頁）

昭和二十五年の春といえば、早稲田高校一年から二年になるころだ。投稿開始が中学時代としても、採用されたのは高校時代だったと考えられる。より大事なのは、コントの才能が評価され、放送台本などを書く「三木鶏郎文芸部」に入らないかと高校時代に誘われたということだろう。『一流の三流』で、そのときのことをこんなふうに振り返っている。

僕がトリロー文芸部を訪れたのはもちろん（「コント作家にならないか」という）手紙でフラフラと出かけたのだが、後で聞くとこの時のトリローサンは、ひとつの転換期にあったわけである。

つまり、丹下キヨ子サンのチーム脱退を始めとするグループ内の不和。トリロー文芸部もしかり、それまでの大黒柱、キノトールサンが独立したところである。

僕がそんな事情を知るわけがない。

文芸部に入るということが光栄で目がくらみそうだった。トリローサンが映画に出演したり、映画音楽を始めたりしていたから映画に一歩近づいたような気もしたわけである。

もとより、芸能界内部の奇々怪々ささえ知るよしもない。

「一生懸命やってみます」

といった僕のまわりには文芸部の諸先輩がズラリ。

能見正比古《のみまさひこ》サン、工藤昌男サン、神吉拓郎《かんきたくろう》サンなどの若き日の顔が思い出せる。

（五〇〜五一頁）

当時の三木について、永は「今で言ったら、ビートたけしとか明石家さんまとかを四、五人集めて一人にしたくらい人気がすごかった。ただ街を歩くんでも、ぞろぞろ人を運んじゃうっていうような」と私に話していた。「だから、その偉い人にくっついてっていうか、周辺にいれば何とかなるかなっていう……」

文芸部の先輩も多士済々だった。キノトールは、劇作家として戦後早くから「天才」（三木）を発揮していた。三木が「日本薄謝協会（NHK）だけでは食べていけない」と、映画や舞台へと仕事を広げるために最初の文芸部員にした人物だった。能見正比古は放送作家の仕事のほか、のちに「血液型性格分類」で有名になる。永によれば、文芸部に誘う手紙の差出人は能見で、のちに直木賞作家になる神吉拓郎と二人でコントの手ほどきをしてくれたという。

先の引用のごとく、当時の三木周辺は「転換期」を迎えていた。丹下キョ子が脱退したのは、一九五一年六月ごろ。その前に三木のり平も独立した。俳優たちの「三木鶏郎グループ」はその年の八月三一日に解散した。ラジオの『日曜娯楽版』は依然として好評だったが、翌五二年に打ち切りになったことは前述の通りだ。

時代が永を待っていたかのようだった。五一年に民放ラジオが放送を始め、NHKの独占時代が終わった。永が大学生になった五二年に日本は独立を回復し、翌五三年にテレビの放送が始まる。局が増えれば番組が増え、放送作家も引く手あまたになっていくのが当然だった。

トリロー文芸部でもまれたことが、永が放送界を生き抜く土台づくりになったことは間違いない。コントの作り方だけでなく、権力からの番組への圧力、放送局のあり方、内外の圧力をかわしながら番組を作っていくことの大変さ、大切さ……。

『ユーモア劇場』も消えちゃった

三木のもとで放送作家としてスタートしたころのことを永自身に語ってもらおう。私が聞いた内容をわかりやすくするために少し補ってある。

「放送の台本って当時はガリ版で刷って出すでしょう。それを持っていくと『これダメ』『これもダメ』ってふうに黒く塗りつぶされて、スタジオに戻ってくると（削られた部分があるから）番組の時間が足りませんよね。だから、急きょそこを足さなきゃいけない。足したのを持って走っていって、また走って帰ってくる」

――チェックが厳しくなった時期っていつごろでしょうか。

「ガンテツさんがいなくなってからだと思う。ＮＨＫの中で援護射撃をしてくれる人が少なくなった」

それこそフランクな対応で『日曜娯楽版』を応援してくれたフランク馬場がアメリカに帰り、占領が終わったあとは「監督・検閲などは自主的に（NHK）自身の手で行われることになった」（丸山鉄雄）から、台本を持って行く先もNHK内部だった。一九五二年に『日曜娯楽版』から『ユーモア劇場』になったとき、三木鶏郎らだけでなく、チーフディレクターの丸山もそのままだったが、五三年二月にNHKがテレビ放送を始めると、丸山はテレビ部門に異動になった。

五四年三月、『ユーモア劇場』を風刺コント抜きで放送するようNHKの文芸部長に指示された三木がそれを受け入れ、録音後にしばらく姿を消す事件が起きる。「ユーモア忘れたユーモア劇場　録音前に内容変更　三木トリロー雲がくれ」という見出しの新聞記事はこうだった。

> 日曜日の夜八時半からのNHKの呼物プロ「ユーモア劇場」（第一放送）は、十四日夜常連の三木トリロー、中村メイコらのメンバーにエノケンが特別出演して流されたが、この番組のカナメといわれる「冗談音楽」「風刺コント」は全然姿を消し、そのかわりに「オセンチ娘」「ヨッパラッチャッタノ」などのタワイない歌ばかりで三十分間を終り、聴取者を面食わせた。（略）

三木トリローその人は、録音をすませた一三日夜から姿を消している。

聴取料値上問題が難航したり、国会や当局筋でNHK統制論が伝えられるなどの折柄、芸能人間では「ユーモアのなくなったユーモア劇場の登場は不当な圧迫によるものではないか」と取ザタしている。

当のNHKはこれを否定「自発的変更だ」といっているが、聴取率の非常に高い人気番組であるだけに、問題を投げている。

（朝日新聞一九五四年三月一五日朝刊）

当時のことを永に聞くと、「鶏郎さんがいなくなっちゃったあと、ぼくが事務所にいて、いろんな人が取材に来るのを間に入ったことがある」と言っていた。このあと、三木が国会に参考人として呼ばれるなどの騒ぎを経て、『ユーモア劇場』は打ち切りになる。八月八日からは民放の文化放送に移って『みんなでやろう冗談音楽』というタイトルで放送されたが、それも年末には終わった。

三木が『サンデー毎日』の同年六月二〇日号に書いた「『ユーモア劇場』葬送曲　空前の弾圧メモ」によれば、NHK内部の「弾圧」が四月二六日から突然、始まったという。「NHKが自主的という『考査委員会』のカットぶりは、アメリカ占領軍のそれよりも、ラジオコードによる考査課のそれよりも、ケタはずれてモノすごく、少なくとも終戦後最大のカットぶりでアッタ」と三木は怒りをぶつけている。「弾圧」のきっかけは四月二五日の放送で、造船疑獄事件で自由党の佐藤栄作幹事長の逮捕請求に法相が指揮権を発動したことを風刺したコントだったようだ。その日放送された聴取者の投書コントから一つだけ紹介すると。

A「汚職、疑獄から守れ!」

B「国民をですか?」

A「いや、政府をじゃ」

この騒動から三〇年ほどたって、三木は東京・広尾のクリニックの待合室で偶然、元NHK会長の古垣鉄郎を見つけた。「なんだ、三木くんじゃないか、お互いに年をとったねえ」。三木が七〇歳を超えたころの話だから、古垣は八五歳くらい。三木の問いに対し、貴重な証言が古垣の口から飛び出す。

「あの時のことで、お聞きしたいことがあるんですが」

「あれは苦労したよ。私は三木くんのおかげでNHK会長をクビになったよ」

「クビにするなんて文句を言ってきた相手はいったい誰だったんです?」

と言って私は古垣さんの顔をジッと見つめた。

「佐藤栄作幹事長自身さ」

（『三木鶏郎回想録②冗談音楽スケルツォ』平凡社、一九九四年、五一五頁）


佐藤栄作はのちに首相になり、長期政権を築く。

『日曜娯楽版』『ユーモア劇場』と続いた打ち切り騒ぎのとき、永はコントを書いたり選んだりするのに忙しく、裏側の事情はわからなかったという。ただ、戦後は「もう軍隊は持たない」と教科書で教わったはずなのに、警察予備隊から保安隊と名を変え、さらに自衛隊が設立されることになったことを風刺した自作コントは覚えている。

「いない、いない、いない、ばァッ！　自衛隊」

社長になった天才六輔

打ち切り騒動などを経験しながら、永は三木のもとでめきめき力をつけていく。一九五六年四月、三木は開局ラッシュが続く民放の番組台本などを主に引き受ける会社「冗談工房」を設立した。社長に抜擢されたのは、まだ二二歳の永だった。
半年後の九月二日の産経時事（現産経新聞夕刊）に載った「冗談工房という名のグループ若手連中で運営〝トリロー音楽〟の原動力」という見出しの記事を見てみよう。放送局の略称などはカッコで筆者が説明を補った。

スープにされそこなった三木トリローがLF（ニッポン放送）の「トリロー・サンドイッチ」で生き返ったのは四月二日。以来五か月の間にQR（文化放送）の「放送歌謡」KR（ラジオ東京＝現TBS）の「冗談劇場」「ワンワン物語」と東京の民放全局にトリロー物が新設され、返り咲きはまず成功したようだ。そしてこうした作品の表カンバンとなっている「冗談工房」というグループの存在が注目され始めた。二十二歳の社長をカシラに平均年齢ハタチそこそこの社員たちで運営されている「冗談工房」とは……。

ここで「カシラ」と表現されているのが、永である。専務はのちの直木賞作家、野坂昭如だった。作詞家、歌手、タレント、政治家と幅広い活躍をし、永との友情は死ぬまで続く。このとき二五歳で、早稲田大学の先輩でもあったが、永より遅れて三木のところにやってきて、経理担当をしていた。
永が社長になったのはなぜだったのか。先の新聞記事はこう説明する。

永社長は早大史学科に在学中だがライターとしては一人前以上の仕事をしている。冗談工房としての仕事のほかにＫＲの「丹下のカラミティ・ジェーン」ＱＲ「モダン寄席」「丹下の茶の間」ＬＦ「アベック歌の旅」ＮＴＶ（日本テレビ）「キス夫とミー子」の五本の常連執筆者だから、社長の貫禄は十分。浅草の最尊寺というお寺さんの息子で高校二年のときからトリロー文芸部に入ってコントを書いてきた。その文芸部が発展的解消をして四月一日から冗談工房に生れ変った。彼はトリローのもとに六年間いて一番古顔だから社長にされたのだそうだ。

二十二歳で「一番古顔」になっていたわけだ。抱えていた番組の数だけ見ても、驚くべき売れっ子と言うしかない。
永より一歳上で、遅れて三木のもとに加わった作家の五木寛之は「ラジオ界では三木鶏郎さんが輝く星でしたが、永さんはその門下から出発して、テレビ草創期には構成作家、作詞家として大活躍していました。早熟の天才と言っていい存在でしたね」（『わが人生の

歌がたり　昭和の青春』）と振り返る。
野坂専務の目には永社長はどう見えていたのだろう。

天才六輔といわれて、ラジオTV番組を週に十数本受け持ち、年中寝不足の顔のまま局から局へとび歩き、そのコントたるや、まさに天才的であった。（略）

小学校の頃から、とてもかなわぬと諦めざるを得ない才能を、ずい分身近にみてきたけれども、天才が実際この世の中にいるものなのだと、実感したのは、永六輔においてはじめてである。

（野坂昭如『風狂の思想』中央公論社、一九七〇年、一四一頁）

この褒め言葉の話になると、永は「野坂さんがぼくを天才だっておだてるのは、借りを返そうとしてるんだよ」と笑っていた。野坂は冗談工房のお金を使い込んで専務をクビになったからだ。ほぼ一年の間に約三〇〇万円を洋服や酒に使った、と自ら認めていた。その尻拭いをしたのは、永社長だった。
「迷惑をかけたところに謝りに行って大変だったよ。何しろぼくは仕事で忙しく、経理は専務にまかせっきり。結婚後は、すべて妻にまかせっきりだったけど」
社長になった五六年、永は同い年の酒井昌子と結婚した。

フリートークは作家のつづき

　このころ、永はまた別の大事な人物と出会っている。

　その名は、前田武彦。永より四歳上で、日本でテレビ放送が始まった一九五三年に放送作家となり、のちに司会者として「マエタケ時代」を築いた。『夜のヒットスタジオ』（フジテレビ）や『巨泉×前武ゲバゲバ90分！』（日本テレビ）などの名司会ぶりを思い出す読者も多いことだろう。前田は「フリートークの天才」と呼ばれたが、そのフリートークの出発点に永とのコンビがあった。

　日本テレビのプロデューサー、北川信に紹介された「若手作家」との初対面を、前田はこう書いている。

　髪が長く額の半分を隠し、その上からベレー帽を斜めにかぶったその男が自分の名を告げたとき、私はなぜか全部が片カナであるように感じた。

「ボク、エイロクスケデス」

　エイロクスケと聞こえたのは永六輔であって、決して聞き違いではなかった。三木鶏郎グループの冗談工房に属していて風刺コントやギャグを書いている青年だ。

初対面から愛想がよく、自分がしゃべっても相手がしゃべってもハハハハと高い声で笑う。しかし、ただ明るいだけの男ではない。北川が「きみたち、ドラマを書かないか」と提案したとたんに笑いを止め、ぐっと顎をひいてきっぱりと言った。

「ボクは当分コントしか書きません」

人に妥協せず自分の意見をはっきり言う態度は、自信に満ちていて魅力的だ。私など金になるものなら何でも書こうと思うほうだ。この男とともに仕事をすれば、きっと学ぶ点が多いだろう。

（前田武彦『マエタケのテレビ半生記』いそっぷ社、二〇〇三年、六〇頁）

永と一緒に画期的な仕事をするのは、開局まもないラジオ関東（現ラジオ日本）で五九年七月に始まった『昨日《きのう》のつづき』という番組だった。永の回想。

原田洋子のＤＪを前田武彦と交互に書くことになったのだが、二人とも、その台本が間にあわない。

だったら、書く内容をしゃべってしまえばいいということでフリートークの「昨日の続き」が始まり、これが初めて台本のない番組として評判になった。

『昨日のつづき』で前田武彦、富田恵子と。受験生の橋本隆（のちTBSディレクター）がファンレターを出したら、サイン入りで送られてきた＝橋本隆提供

原田洋子が富田恵子になり、永が大橋巨泉にバトンタッチして、看板番組になった。

当時は台本がないということが革命的だったのである。

（『昭和　僕の芸能私史』一五〇頁）

補足説明が必要だろう。それまでのラジオ番組は台本を読むのが当たり前だった。いまやフリートーク全盛時代だが、誰かがその扉を開けないと「革命」は起きなかったわけである。前田はどう振り返っているだろうか。

この番組も、初めはＤＪの台本を書く予定で、共作の永六輔とともにＤ

Jをやる原田洋子のために台本を書いた。
ところが、録音する段階になって、どうも原田のしゃべり方が気に入らない、永は納得がいかぬまま過ごすことを許さない性格だ。ディレクターとあれこれ考えた末、思いきって原田に加えて永、前田の二人がいっしょにしゃべることになってしまったのである。

「今日の話は昨日の続き、今日の続きはまた明日、提供は参天製薬、声とアイデアは永六輔、前田武彦、それに私、原田洋子」
という番組冒頭のコメントはかなり有名になった。

（『マエタケのテレビ半生記』七六〜七七頁）

多忙で台本が間に合わないからか、DJのしゃべり方が気に入らないからか。いずれにしても、この番組で裏方のはずの作家が出演してフリートークを始めたという事実は揺るがない。作家から出演者へという流れを創り出し、永のあとを受けた大橋巨泉をはじめ、青島幸男、はかま満緒《みつお》ら、この番組の放送作家たちが引っ張る形で多くの「マルチタレント」が活躍する潮流が生まれていった。
先の引用で「大橋巨泉にバトンタッチして」というのは、永の弁によれば「喧嘩してやめちゃった」のだという。「顔は長いが、気は短い」と言われた本領も、このころから発揮していたわけだ。

考えてみると、作家が番組で面白おかしく語り、時間配分などもそつがないのは、もともと頭の中に台本があるからではないだろうか。番組でハプニングが起きても、頭の中で臨機応変に書き直せばいい。前田はタレントの関根勤との対談で、「書くということはしゃべることと無縁なようでいながら、じつは話のポイントを整理して、凝縮するトレーニングになると思う」と指摘してこう語っている。

他人が読む読まないは別にして、書いていてちょっと長いと思えば、どこを落とすかとか、これじゃ自分が面白いと思ったことが伝わらないと思えば、じゃどうしようと考える余裕があるでしょ、書いたものなら。だから以前、僕のところに弟子志望のヤツがきて、しゃべりのタレントになりたいという。だから僕は、何か書けといったんです。うまいしゃべりをやるには書かなきゃダメだよと。この男といま会うととても楽しくおしゃべりできる。僕は無理に書かせたからだと思ってるんです。ツボを押さえて楽しく話せる。

（『前武・関根のおしゃべりに会いたくて』ゴマブックス、二〇〇一年、二二～二三頁）

前田はこうした力を「話のデッサン力」と呼んだ。永や前田の話は面白おかしく、あっちこっちに飛んでいるようでいて、きちんとオチをつけて終わるのに驚くことがしばしばだ。「話のデッサン力」を鍛えたからこそなのだろう。

こう見てくると、放送作家から名パーソナリティー、名司会者が生まれたのは不思議でも何でもなく、むしろ当然という気がしてくる。

永六輔は五〇年代、そんな新しい時代の最先頭を颯爽と走り始めた。

師匠の三木鶏郎は五一年、民放ラジオ開局と同時に日本初のコマーシャルソングを作った。小西六写真工業（現コニカミノルタ）の「僕はアマチュアカメラマン」（歌は灰田勝彦）である。その後も、ミツワ石鹼の「ワ、ワ、ワー、ワが三つ」や松下電器産業（現パナソニック）の「明るいナショナル」など歌詞が耳に残る歌で、「コマソン」の全盛時代を築いていく。

六〇年代にテレビアニメ時代が来ると、「鉄人28号」「トムとジェリー」「ジャングル大帝」などの主題歌で、「アニソン」の先駆者になる。晩年は糖尿病を患ったが、「糖尿友の会」をつくり、笑いと風刺の精神を忘れなかった。九四年一〇月七日、心筋梗塞のため、八〇歳で亡くなった。

『永六輔の誰かとどこかで』のスタジオで遠藤泰子と＝2011年4月20日、筆者撮影

長寿記録つくった『誰かとどこかで』

一九六〇年代後半から晩年までの永のラジオ人生は、ＴＢＳでパーソナリティーを務めた二つの長寿番組を抜きにして語れない。

『永六輔の誰かとどこかで』は、六七年一月二日に『どこか遠くへ』という番組名で始まり、六九年一〇月六日から改名された。二〇一三年九月二七日でレギュラー放送を終えるまで四六年九カ月続き、一万二六二九回に達した。その後も特別番組が九回放送され、永が亡くなったあとの一六年九月一八日の『永六輔の誰かとどこかで 千秋楽』が最後になった。特番も含めると、一万二六三八回になる。

『土曜ワイドラジオTOKYO　永六輔その新世界』は、一九七〇年五月一六日からの『土曜ワイドラジオTokyo』を七五年三月二九日までいったん降板して三国一朗に引き継いだあと、九一年四月一三日から二〇一五年九月二六日まで放送された。

それぞれどんな番組だったのか。まず前者から見ていこう。この番組が終わることを報じた私の記事「永六輔さんのラジオ　46年で幕　『誰かとどこかで』来月打ち切りへ」に基本的なデータを盛り込んでおいたので再録する。

同じ人によるラジオ全国番組として最長寿の「永六輔の誰かとどこかで」（TBS系）が9月で打ち切られ、46年余の歴史に終止符を打つことがわかった。きょう29日の放送で、80歳になった永さんが明かす。

番組は1967年1月に始まった（当初は「どこか遠くへ」）。月～金曜の10分番組で、永さんとアシスタントの遠藤泰子さんが聴取者からの便りを読み、世相批評などを語ってきた。

同一人物が続けた番組として、「秋山ちえ子の談話室」（TBS系）の1万2512回を超え、9月27日で1万2629回になる。

関係者によると、1社提供で番組を支えた桃屋の降板が打ち切りのきっかけ。永さん自身、パーキンソン病を患い、かつてのような歯切れのいい語りはできなくなったが、一昨年、足を骨折したときも病室で収録、休まなかった。

永さんは「いっぺん休むことにしようと思って」と話し、今後の特別番組などに意欲を見せる。

（朝日新聞二〇一三年八月二九日朝刊）

この番組を収録するスタジオに行くと、ほのぼのとした気分になったことを思い出す。本番前、聴取者の葉書を読みながら、永と遠藤泰子が談笑している。通い始めたころ、永が私を呼んだ。「ほら、こんなにたくさん葉書が来るんだよ。普通の番組だと横書きが多いけど、ほとんど縦書きなの」。手書きの葉書で、しかも縦書きで。永のこだわりを知っているから、ファンも心得たものだった。

番組の冒頭、永が作詞した「遠くへ行きたい」が尺八で流れる。その調べに重なるように、﨑南海子《さきなみこ》の詩を遠藤が読む。短いCMのあと、永がしゃべりだす。旅先での面白い体験談や、友人・知人がやっている芸などの紹介。必ず何らかのうんちくを披露するところが永らしかった。

この番組は「泰子さんのおかげ」と永はいつも言っていた。時に暴投気味に投げてくる永の言葉を巧みに受けとめて相づちを打ったり、笑って受け流したり。「名捕手」と永が評する名バッテリーだったからこそ、長く続いたのだろう。

遠藤は一九六六年四月、ＴＢＳのアナウンサーになった。ＣＭを読んでいたら、アシスタントをやってくれないかと永に声をかけられた。「誰でもいいんだよ。ぬいぐるみでもいいんだ」。そう言われて「私はぬいぐるみのようにただ永さんの前に座っていただけ」と遠藤は謙遜する。初代アシスタントがすぐに辞めたあとの二代目として、最終回まで全うした。「アハハ、オホホ。そんな私の反応を見て、永さんは聴取者の方の反応を推し量ってらしたんじゃないかしら」

詩人として番組を支えた﨑南海子も、永とは長いつきあいだった。ラジオで『どこか遠くへ』が始まる前年の六六年、永は東京・六本木にマンションを借りて放送作家を目指す学生たちのたまり場をつくり、「ニコニコ堂」と名付けた。のちに向田邦子賞を受ける脚本家の松原敏春、橋田賞を受ける放送作家の井上頌一、劇団「ＷＡＨＡＨＡ本舗」を主宰する喰始ら、多くの「弟子」がここから世に出た。

﨑もその一人だった。永についてこう語る。

「永さんは、自分自身が先生と呼ばれるのを嫌がる人でしたし、私たちを決して弟子とは呼びませんでした。私たちはただ永さんの後ろ姿を見ながら、学んだ感じですね。永さんは『ぼくは人を育てる気はありません。でも、才能のある人がチャンスがないのは良くない。そのチャンスをあげることはできます』とおっしゃってました」

「ニコニコ堂」のことを永と話していたとき、私は「三木鶏郎さんが永さんにしてくれたことをやろうとしたんですか？」と聞いたことがある。「その通り」とうなずいたときのうれしそうな顔が忘れられない。

永や野坂昭如にとって、トリロー文芸部は「ニコニコ堂」のようなものだった。「そば屋の出前をいつでもとれて、ただで食べられるようにしてあげる。鶏郎さんがぼくたちにやってくれたことを、そのまま後輩の学生たちにやっただけ。あんまり高くつくと困るから、そば屋に限ってましたけど」と永は笑っていた。ここでも永にとって三木鶏郎という存在がいかに大きかったかがよくわかる。

永は聴取者を大事にし、投書に一枚ずつ返事を書いた。投書する側だった少年時代の気持ちを一生忘れなかったのだろう。たくさん届く便りをきちんと読んでくれたのが、崎だった。

「育てるというか、面倒を見るとかっていうのは、普通の人はするだろうけど、ぼくは一切してない。だから育てたつもりは全然ないの」

そんな永の話を聞きながら、私はもう一つの番組で「弟子」と呼んでいい久米宏のことを思っていた。

若手育てた『土曜ワイド』

『土曜ワイドラジオＴｏｋｙｏ』が始まった一九七〇年五月、久米はＴＢＳアナウンサー四年目だった。結核で仕事を長く休み、この番組の「なんでも中継!!」コーナー以外に番組を持っていなかった。「企画を練る時間はたっぷりあったし、とにかく永さんに面白いと思ってもらおう。それしか考えていませんでした」と振り返る。新聞連載「ジャーナリズム列伝」で私が永のことを書いた記事から、久米がどんな中継をしていたかがわかる部分を抜き出してみよう。

例えば渋谷の横断歩道で、信号が青になって大勢が一斉に歩き出す。それを「競馬レース風に実況中継しよう」と思いつく。激しい雨の中に重ね着して立ち、どうぬれていくかを中継したこともあった。

そのうち、団地の1棟を選び、何世帯が番組を聴いているかを久米が聞く「聴取率調査」が番組冒頭に。番組の最後も、久米は受けねらいのダジャレを飛ばす。「西伊豆から中継したとき、永さんが大笑いしてくれました」。こう言ったのだった。「西伊豆は細長くて万年筆のような形をしています。ニシ・イズ・ア・ペン！」

（朝日新聞二〇一一年六月一四日夕刊）

久米は「永さんには怒られっぱなしでした」と言う。永は「すごいやつが出てきたなと思った」と言っていた。「どんな注文をつけても、できませんとは絶対に言わない。こういうことやれるかなと期待すると、期待以上に返ってくる」。久米と同い年のTBSアナウンサー小島一慶も、この番組でコーナーを担当したことがある。自分のあとに続いてくれる若い世代の成長を永は楽しみにしていた。

永の前にラジオ長寿記録をつくった『秋山ちえ子の談話室』が、永の『土曜ワイドラジオTｏｋｙｏ』の中で放送されていた時期もある。秋山は永より一六歳上。永より三カ月早く、二〇一六年四月六日に九九歳で亡くなったが、毎年八月一五日にはスタジオに顔を出し、童話『かわいそうなぞう』を朗読して平和の大切さを訴えていた姿が懐かしい。

秋山との対談で、永は「『誰かとどこかで』が毎日の放送だとすると、『土曜ワイドラジオTOKYO』というのは、仲間とつきあって放送しています。最初のアシスタントが久米宏クンですから、これも長いんですが、ここは若手を育てるという意識で続けています」と語っている。

二人のラジオ談義も興味深いものがあるが、一カ所だけ紹介しておきたい。

永　ラジオはリスナーのソウゾウ力をかきたてます。

でも、そのソウゾウ力も二つあって、そこがまたラジオのむずかしいところで、「ソウゾウ力」といったときに、クリエイティブのほうの創造力なのか、イマジネーションの想像力なのかはラジオはわからないんですよ。だからそれを字で説明していかなきゃいけないわけですね。字なり言葉なりで。それがまた大事なことなんです。

秋山　ラジオだと、聴いていて途中でその本筋のラジオの放送よりも、自分がいろいろ考えたり、思い出にふけったりしますね。テレビは、ある枠を絵で与えられてしまうでしょう。だからそれ以上に自分が考えたり、いい気持ちになれる余分がないんですよね。

永　ちょっと言葉の問題に戻すと、ラジオって言葉の世界ですよね。映像がないんですから、全部言葉で言わなきゃいけないわけでしょ。そうすると、豊かな言葉遣い、あるいは聴いていて気持ちのいい言葉遣いであろうと努力をしますよね。そういう努力が世間一般に本当に減ってきていると思うんです。

（秋山ちえ子・永六輔『ラジオを語ろう』岩波ブックレット、二〇〇一年、四七～四八頁）

『土曜ワイドラジオTOKYO　永六輔その新世界』は、二〇一五年九月二八日から曜日と時間を変更して『六輔七転八倒九十分』になり、一六年六月二七日まで放送された。二つの番組のアシスタントは、長峰由紀、雨宮塔子、堀井美香、外山恵理《とやまえり》と続いた。晩年は、外山が『誰かとどこかで』の遠藤泰子のような存在になり、はぶ三太郎やラッキィ池田が語りをカバーし、永の友人たちがにゲスト出演して番組を支えた。大橋巨泉、小室等、ピーコ、松島トモ子……。野坂昭如が病床から送ってくる手紙が毎回朗読されたことも記憶に残る。

永が亡くなったあと、『土曜ワイドラジオTOKYO　永六輔その新世界』の特選ベストCDがTBSプロネックスから発売された。第一弾は「泣いて笑って旅物語篇」で「六輔六日間旅暮らし」という副題がつく。週の六日は旅に出て、土曜の生番組のために東京に戻ってくる「旅の坊主」だったからこそ、見知った土地や人も増え、その蓄積が病を得たあとの番組にも生かされたのだった。

永のラジオ人生を語るとき、いま見てきた二つの番組に三年半だけ重なっていた「第三の番組」のことを忘れるわけにいかない。

深夜の熱気に包まれて

永の人生を振り返ると、どうやら一九六〇年代後半に大きな転機があったようだ。六〇年代前半をＮＨＫテレビ『夢であいましょう』に打ち込んだ時期とすれば、そのあとはテレビ離れを進め、旅とラジオの日々を確立していく時期になる。ラジオは六九年四月から、ＴＢＳの深夜放送『パック・イン・ミュージック』のパーソナリティーも引き受けた。

永の出番は、日曜午前零時半から三時まで。土曜の生ワイドをこなし、そのまま深夜放送に突入する過酷な生活を選んだのはなぜか。当時の本人が語る。

考えるところあってテレビを止め、ラジオの仕事に限った時にも深夜放送を引き受ける気はなかった。

僕のようなタイプは決して深夜向きではないと思っていたこともあるし、中学生、高校生と安っぽくつきあいたくなかったこともある。

それが土曜日から日曜日にかけてという条件で引き受け、音楽の部分以上にしゃべっているのは同世代または、もっと先輩の世代に聞いて貰えると思ったからであり、深夜一人でラジオを聴く若者と音楽を中心に語りあうというのは、きれいごとでしかないと信じているからだ。

ここで大切なのは僕が手紙を読むことであって、字で書かれた思想こそ頼りになる唯一のものである。

それも放送で読む場合もさりながら、オンエアで読まない（又は読めない）手紙もまたいろいろ教えてくれる。

それが僕の中でどうふくらむかということは僕個人の問題でもある。だから、ラジオで語りあうというのは嘘で、結局は手紙で語りあうところに意味と価値があるのだと思う。

（TBSパックインミュージック編『もう一つの別の広場』ブロンズ社、一九六九年、三四八〜三四九頁）


私は当時、高校一年だった。永が『日曜娯楽版』に夢中になったように、深夜のラジオにかじりつき、翌朝は寝坊して学校に遅刻することも珍しくなかった。今の高校生や大学生に話してもなかなか理解してもらえないが、あのころの深夜放送ブームは本当に熱かった。音楽の楽しみ方、人生や時事問題のとらえ方、ものの考え方、あらゆることをラジオから教わった。まさにラジオが「先生」だった。

深夜放送ブームは、六五年八月二三日に文化放送が始めた『真夜中のリクエストコーナー』が火をつけたとされる。文化放送が創立五〇周年を記念して出した冊子は、この番組のことを次のように紹介している。

テレビ台頭によるラジオ不況時代の強化策が図られる中、ラジオは受験生を中心とした深夜族の友達、兄貴に成り得ることに注目、パーソナリティ土居まさるが恋愛・悩みの相談等を綴ったリクエスト葉書を読みつつ、双方向性ラジオのコミュニケーションを創った。

（文化放送『50YEARS文化放送——時代を見つめたラジオの目』非売品、二〇〇二年、三七頁）

ラジオのDJが「パーソナリティー」と呼ばれるようになるのも、このころからだ。文字通り、個性をぶつけてくる「兄貴」「姉貴」だから、聴いているうちに他人のような気がしなくなるのだった。東京の局だけに絞れば、六七年にTBSの『パック・イン・ミュージック』のほか、ニッポン放送が『オールナイトニッポン』をスタートさせ、文化放送は六九年に『セイ！ヤング』の放送を始める。

それぞれ魅力的なパーソナリティーがそろっていた。六九年当時の名前をあげてみよう。

文化放送は、土居まさる、みのもんた、なかにし礼ら。落合恵子は「レモンちゃん」の愛称で深夜族のアイドルになった。ニッポン放送は、糸居五郎、今仁《いまに》哲夫、高崎一郎ら。一〇月に亀渕昭信が加わった。別の曜日の担当だった斉藤安弘と組んで「カメ＆アンコー」としてレコードまで出し、「水虫の唄」をヒットさせた。ＴＢＳは、福田一郎、若山弦蔵、北山修、野沢那智《なち》と白石冬美の「ナチチャコ」コンビ、ロイ・ジェームス、そして永と中川久美のコンビが週の最後を担った。若山や北山は土曜ワイドの常連ゲストとして、永の晩年を支えた。

人気パーソナリティーが競う中で、永は異彩を放っていた。深夜放送のあり方に疑問を抱き、ほかの番組とは違うことをやろうという思いがあったのだろう。

ディレクターだった橋本隆は、ラジオ関東の『昨日のつづき』を聴いて以来の永六輔ファンで、永の番組をやりたくてＴＢＳに入った。永より八歳若い。番組は「永さんにおまかせ」だったが、憲法記念日の五月三日に永が「憲法全文を読む」と言い出したときはさすがに驚いた。「大丈夫だろうか」。しかし、杞憂にすぎなかった。「永さんに全部読んでもらって憲法がよくわかりました」といった反響が殺到したという。橋本は言う。

「素材だけ提供するからと言って淡々と憲法を読み進み、放送時間ぴったりに終わる。決して思いつきじゃないんですよね、永さんの場合は」

橋本はその後も『誰かとどこかで』で永とずっと並走し、永が亡くなったあとに放送された最後の特別番組まで完走した。

聴いていた若者とじかに交流

橋本によれば、永の『パック・イン・ミュージック』に寄せられる葉書は、週に五〇〇通に達した。春になると、受験に失敗して「生きる望みを失った」といった内容が増える。そんな若者に永は番組で「佐渡へ行こう」と呼びかけた。

前章で触れた「おんでこ座夏季学校」である。参加者の一人で、のちに和太鼓奏者の第一人者と呼ばれるようになる林英哲は当時、絵が好きで美大を目指して東京で浪人生活を送っていた。著書にこう書いている。

佐渡ヶ島の芸能を見たり、歴史、文化を学びながら一週間を過ごす、という若者向けの企画で、講師として、武蔵野美大教授で民俗学者の宮本常一、同教授のクラフトデザイナー島崎信、永六輔さん他の方々が参加、他に小田実、そして横尾忠則さんも講師だということを永さんのラジオの深夜放送で聞いて、横尾さんを神さまのように思っていた僕は、一も二もなく申し込む気になりました。

（林英哲『あしたの太鼓打ちへ』晶文社、一九九二年、二二二頁）

お目当ての横尾忠則は佐渡に来なかった。かわりに林は、運命を変える人物に出会う。田耕《でんたがやす》。元学生運動家で、宮本常一に傾倒して全国を放浪したあと、佐渡に居着いて太鼓・人形芝居のグループをつくり、佐渡の若者が島を離れて出てゆく現状を救うという理念を掲げていた。林はいったん東京に戻るが、翌年結成された「おんでこ座」に参加。太鼓奏者として世界の舞台へと飛躍していく。

永にとっては、佐渡で宮本常一との親交を深めただけでなく、没後の「お別れの会」で太鼓をたたくことになる林たちとの出会いも大きかった。

永は『パック・イン・ミュージック』に七一年九月まで出続けた。

その間も「電波の飛んでゆく先」のあちこちに足を運んだ。こんな高校生の投書が気になって、会いに行くこともあった。

島根県は交通事故増加率が第一位なのに人口がどんどん減っている淋しい県です。山陰線は単線のまま、中国縦貫道もほんのちょっとかすめるだけ、僕はそんな県の松江市に住んでいます。十万余の人口です。堀川の多い静かな所です。

「松江の人の屁は茶の匂いがする」といわれるぐらい、お茶を飲む町でもあります。松江では東京の深夜放送も韓国、中国、東南アジアからの電波の中にまぎれこみ、雑音の中で大きくなったり、小さくなったりします。

大きくなると近所のことも考えて、あわててボリュームを下げ、小さくなると鉛筆を置きオンボロラジオを耳に押しつけるのであります。

投書の主は、松江北高校一年生だった柏木登。同じ一九五三年生まれの私が鹿児島で深夜放送に夢中になっていたとき、島根で同じ番組を聴いていたわけだ。

永の著書『街＝父と子』によれば、訪ねてきた永に柏木は「僕も松江を出ていくと思いますね」と語り、永は「出来ればマスコミ関係の仕事と一応は決めている柏木クン」と書いている。

柏木は言葉通りに松江を離れて上京し、一橋大学を卒業後、日本テレビに入った。『アメリカ横断ウルトラクイズ』などのディレクターをしたあと、夕方のニュースの改革に当たったり、『スーパーテレビ情報最前線』のチーフプロデューサーを務めたりした。現在はBS日テレの監査役だ。こう話す。

「永さんが訪ねてこられたときのことは、緊張してよく覚えていません。ただ、独特の声でよくしゃべる人だなあと改めて感じましたね。永さんと会ってマスコミがいきなり身近になった気がしたんです。永さんとの出会いがなければ、ぼくはテレビ局に入ってなかったんじゃないかな」

縁はそれだけではない。柏木の兄の薫は、佐渡の夏季学校から「おんでこ座」に入った。そのつながりで柏木は学生時代、「おんでこ座」の東京事務所に詰めて「田耕さんの秘書みたいにしていた」という。

私が柏木と知り合ったのは八〇年代半ば、パーキンソン病と闘いながら落語家として生きていた春風亭栄橋《えいきょう》を取材したときだった。柏木は番組を作り、私は記事を書いた。その後、永が「パーキンソンのキーパーソン」になった。不思議な縁と言うべきだろうか。

「テレビ局に入ったんだから、永さんを番組に出す気はなかったの?」。柏木にそう問うと「永さんがテレビは嫌いだと公言してた時期でしたから」と笑って、こう続けた。「でも、あの人、本当はテレビは好きだったんだと思いますよ」

実際はどうだったのか。次章で永六輔のテレビ人生を掘り下げることにしよう。

六輔六語録❷

本来が飽きっぽいんです。
テレビも飽きたし、脚本も飽きたし……。
飽きないのはラジオ出演だけ。
結果としてラジオ一筋ということになりますね。

（『永家物語』一〇八頁）

❖

ラジオをやっている関係で興味の出てくることがあると、そっちに行く。またそれがラジオに戻ってくる。そういうふうに考えていくと、ラジオがベースになっている。

（『永六輔の特集』自由国民社、一九九六年、二九二頁）

❖

例えば、地震がありましたよね。ラジオに飛びつく人は多いんですけど、たいてい電池が入っていないんですよ。あるいは切れている。つまり、災害に役立てようと思ったら、ふだんから聞いてなきゃだめ。

（朝日新聞二〇〇三年一〇月七日夕刊）

❖

ラジオは、近所づきあいの感覚でいればいい。「メディアとして責任を持つ」というんじゃなくて、隣近所にいる元気なおじさんや陽気なおばさんの感覚でこちらもいて、聞いている側もそのぐらいのレベルで。そこに未来はあると思うんですね。

（同前）

❖

話芸にぶつかったら話術なんか、ぶっ飛んじゃう。
僕はラジオではプロのつもりでも、話芸には手も足も出ないもの。
背筋が寒くなって声も出ませんよ、声を出すと、その後が怖《おそろ》しくて。
とに角、術を使っているようじゃ芸人にはなれません。

（『旅行鞄はひとつ』一五八頁）

❖

無言の正反対にある人間の言葉は大切。「大事にしているか？」と聞かれたら、僕は大事にしてますね。特にラジオの人間だから、なおさら言葉しかないんですよ。

（『生き方、六輔の。』飛鳥新社、二〇〇二年、一三九頁）

第3章

闘うテレビ乞食

『夢であいましょう』の出演者と。左から永、中島弘子、坂本スミ子、E・H・エリック、黒柳徹子……

河原者の場合は「名人芸」だけが彼を一般人に押しあげた。
生命を賭け修業し、演じることが生きぬくことだった。
テレビに出さえすれば芸人とみなされる今日の芸人との距離がありすぎる。
テレビを河原と考え、テレビ乞食と自覚するところから、歩き直したい。

「寄生虫」と呼ばれて

前口上は、一九七一（昭和四六）年の著書『われらテレビ乞食』から。同じタイトルで雑誌『話の特集』の六六年一二月号に載った文章である。かつて芸人が「河原乞食」と呼ばれて差別された歴史をテレビ時代の芸人たちが知らなすぎると嘆いたうえで、「知ることによって劣等感を持つのでは困るが、もっともっと前向きの姿勢をとれる筈」「テレビがある以上、僕達の手で日本が、世界が動かせる筈だ」と訴える内容だった。

永が「テレビは嫌い」「ラジオが好き」と言っていたことを知る者にとって意外に感じられるほど、テレビへの愛情、期待、希望があふれている。「われら」と自分自身を含めて「テレビ乞食」と自覚するところから歩き直そうと呼びかける姿は、まるで六〇年代から七〇年代にかけて盛んだった学生・労働運動の集会で「われわれテレビ人は、どんなに差別されてもそれを跳ね返して闘うぞ！」と叫んでいるかのようだ。

『話の特集』にこれを書いたときは、永の人生でどんな時期だったのだろうか。

テレビの仕事では、作・永六輔で六一年四月から六六年四月まで放送されたNHKのバラエティー番組『夢であいましょう』が終わった直後だ。ほかの番組のように喧嘩して途中降板するなんてこともなく、最初から最後まで五年間も毎週続けた唯一のテレビ番組だった。「今月の歌」のコーナーから「上を向いて歩こう」をはじめ、作詞・永六輔、作曲・中村八大のヒット曲が次々に生まれた。テレビ史だけでなく、文化史に燦然と輝く。『夢であいましょう』に出演もした永はすっかり顔が売れ、有名人になった。その分、批判ややっかみも小さくなかった。「ぼくはマスコミの寄生虫」などと晩年になっても口にしていたほどだから、次のような批判がずっと忘れられなかったのだろう。

私などよりもっと消耗型の奇妙な存在が、テレビやラジオの寄生虫として、見受けられる。名を挙げてわるいが、永六輔などという人である。吹けば飛ぶような小才子が、結構大きなつらをして、横行している。週刊誌などのインタビューに、文壇作家をどう思うか、ときかれると、面白い人はすくないですね、などとうそぶいている。面白いか面白くないか、いったい、われわれとつきあったことがあるのか。笑わせるな。と蹴とばしたくなる。こういう小才子に比べると、私などは、大才子ということになる。マスコミに、もっと大切にしてもらいたいものだ。

（柴田錬三郎『わが毒舌』光風社、一九六四年、二三～二四頁）

柴田は、「眠狂四郎」シリーズなどの小説で知られた人気作家だった。この文章はエッセー集『わが毒舌』に収められる前に雑誌で発表され、その時点で永は読んだと思われる。当時の著書でもしばしば言及している。

柴田錬三郎さんにこっぴどく叩かれて、これも勉強になった。（『一流の三流』六頁）

永六輔は寄生虫だ、と言われたときにも、親父から電話があって、「寄生虫でいい。ほめられたと思え。親父としては、そう思う」親父はわかっているな、という気がして、これは嬉しかったですね。

（『新戦後派』一四五頁）

「勉強になった」と言いつつ、悔しくないはずがない。「われらテレビ乞食」を書く数カ月前の六六年六月末には、イギリスのロックバンド、ビートルズが日本にやってきて、東京の日本武道館で公演をした。そのときのことを永はこう書いている。

ビートルズが日本公演をもった時に「河原乞食に武道館をつかわせるとは何事だ」という政治家の発言があって会場の問題でもめた。

ビートルズは英国皇室から勲章を貰っているグループ・サウンズであるということになって解決したのは妙なものである。

（『芸人その世界』文藝春秋、一九六九年→岩波現代文庫、二〇〇五年、一八八頁）

偉大なビートルズまで差別の対象にしてしまうような政治家（評論家）に対して、皮肉っぽい笑いを武器にして闘う野武士の風情が漂う。

柴田に「寄生虫」と呼ばれたあとの六四年夏から一年ほど、永は関西に移り住んだ。『夢であいましょう』の仕事などで東京へ戻るほかは、上方芸能の世界にどっぷりつかる日々だった。当時、永のマネージャーを買って出たのが、古川益雄《ふるかわますお》。大阪で芸能プロダクションを興し、アイ・ジョージ、坂本スミ子といった歌手を育て、永を司会者として売り込んだ。その古川に「上方の芸がわからなければ、日本の芸はわかりまへんで」と言われ、大阪行きを決意したという。

この「大阪留学」で永はその後の人生に大きな影響を与える人たちと知り合い、親交を深めた。上方漫才を支えた漫才作家の秋田実、松竹新喜劇をつくりあげた渋谷天外《てんがい》、そして「この人の後ろをついてゆけば安心だと思った」という俳優の小沢昭一。小沢は永の大学の先輩で、落語研究会を始めた人として学生時代から知っていたが、それまではじっくり話をしたことがなかったらしい。「とても共感するところがあって、京都の川っぷちで長話をしましたな」と小沢が生前、私に話してくれた。

永は六五年、朝日新聞大阪本社版に連載した文章を『わらいえて　芸能一〇〇年史』(朝日新聞社)という本にまとめた。いま読んでも、芸能史を深くさぐろうとする気迫を感じる。ここまで芸能史にこだわるのはなぜか。数年後に出した本にこう書く。

僕はテレビの現場の人間として、折に触れ「テレビにおける芸と芸人のあり方」を考えてきた。

日本のあらゆる芸能をテレビが如何に受けとめるべきか。その逆の形で芸能はテレ

ビをどう受けとめようとしているのか。（略）
僕の姿勢はあくまで、河原乞食の精神の復活であり、従ってテレビを大道芸として考え、「送り手」と「受け手」を芸人対旦那の関係としてとらえてみようとすることである。
ここで僕のいう芸人とは人間国宝から、女子プロレスラーまで、さらに旦那とは神からあなたまでを含む。
（『芸人たちの芸能史　河原乞食から人間国宝まで』番町書房、一九六九年、一九頁）

ラジオから放送の世界に入った永は、どんなふうにテレビに活躍の場を広げていったのか。時系列に沿って見ていきたい。

テレビ時代の先頭を走る

日本でテレビの放送が始まったのは、一九五三（昭和二八）年だった。二月一日にNHKが東京で開局し、八月二八日に民放第一号の日本テレビが続いた。
二〇歳になった永は三木鶏郎のもとで頭角を現し、ラジオ番組『ユーモア劇場』の台本書きなどを中心にしながら、「芸能界の中で一番金になるところを探し始め」「ドサまわりの舞台監督から宣伝係、劇場の大道具、照明、放送の効果マン、コーラス、マネジャー手当たり次第だった」(『一流の三流』)。NHKテレビの試験放送で「悪漢B」の役をやり、「親分、アッチへ逃げました!」と初めてセリフをしゃべったという。

「冗談工房」社長になった五六年には、酒井昌子と「日本テレビの廊下ですれ違って一目惚れ、強引に結婚式まで持ち込んだ」と永は言っていた。のちに「嫌い」と公言するテレビの仕事をしていたからこそ、最愛の人に出会えたわけである。

日本テレビでは、『青春カレンダー』という番組の台本を書いていた。出演は、落語家の三遊亭小金馬《こきんば》(現・金馬)、講談師の一龍斎貞鳳《ていほう》、ものまねの江戸家猫八《ねこはち》。のちにNHKテレビで全国的な人気を呼ぶ「お笑い三人組」だ。金馬が著書で永のことに触れている。

三木鶏郎先生門下の大学生で、バイトでホンを書いている面白い若者というふれこみでした。私たち三人と、あんなことがやりたい、こんなことがやりたいと相談しながら、毎週のストーリーを書いてくれました。(略)

なかなか人気を呼んで、面白いという評判になっていました。

この放送をNHK関係者が見て、この三人で番組を——というので始まったのが「お笑い三人組」なのです。

（三遊亭金馬『金馬のいななき』朝日新聞社、二〇〇六年、一五九〜一六〇頁）

ＮＨＫの『お笑い三人組』は五五年にラジオで始まった。翌年からテレビと共通の番組になり、六〇年からはテレビだけになった。「公開ドラマとして人気を博し、常に視聴率上位番組となっていた」（『放送五十年史』）。子どもの私も大好きで、笑いながらよく見ていた。三人がテレビで育ったお笑い芸人の第一号とすれば、永は三人の飛躍を後押ししたテレビ作家の先頭ランナーだった。「三人を面白く育てたら、ＮＨＫに引き抜かれちゃって」と本人は苦笑していたが、三人の代わりに起用したのが、八波《はつば》むと志《し》、由利徹《ゆりとおる》、南《みなみ》利明《としあき》の三人。「脱線トリオ」として人気コメディアンになっていく。

当時のことを永は私にこう話した。

「民放がわーっと出てきて、ラジオだけじゃなく、テレビも始まったでしょ。放送台本を書ける人が少ないもんだから、ぼくのような学生でも、とにかく忙しかった。番組の打ち合わせでも稽古でも、どこに行ってもぼくが一番若い。面白かったですよ。年上の人たちを見てて『へーっ、こういう仕事をするんだ』ってね。徳川夢声さん、古川ロッパさん、エノケン（榎本健一）さん、すごい芸人さんたちにぼくは間に合ったわけ。放送以外に、新派のブタカン（舞台監督）をやったのも勉強になった。当時のブタカンってあまり威勢のいいのがいなくて、引っ張りだこだった。テレビはぼくらが最先頭で、前に誰もいない。威張る先輩がいないんだから、自由に好き勝手……」

音楽バラエティーの先駆け『光子の窓』

日本のテレビ史でも永の人生でも、画期をなす番組が一九五八（昭和三三）年五月一一日、日本テレビで始まった。永と同じ年の若手女優で松竹歌劇団出身の草笛光子を中心に、歌って踊る日本初の本格的な音楽バラエティー番組『光子の窓』である。台本を書く一人が永だった。

テレビはまだ生放送の時代だったが、横浜市にある「放送ライブラリー」で一本だけ見ることができる。六〇年一〇月三〇日に放送され、文化庁芸術祭で賞を受けた。芸術祭に出品したから、貴重な録画が残ったのである。どんな番組か。やや長くなるが、私が「テレビ60年をたどって」という新聞連載で紹介したときの文章を引用しておこう。

「司会の小島正雄が話しだすと「前置きが長すぎる！」と大きな声。「スポンサーです。あの王様にはかないませんよ」。小島は王様のもとへ。番組を説明し、化粧品などをもらう。資生堂がスポンサーなのだ。

場面変わって、テレビ作りのコント。続いて、テレビに夢中な家族。泥棒にも気づかない。

ここまでテレビそのものの風刺とわかる。徳川夢声が出てきて「テレビ……これほど馬鹿げたものはない」。「娘も大嫌い、あんな電気紙芝居などは」とトニー谷が応じる。

後半は、人気番組のスポンサーになって世界制覇を企てる大泥棒が登場。「テレビのほかに強力な武器がある」とボタンを押し、核爆発を起こす。

小島が語りかける。「私どもは、（恐竜）イグアノドンの卵を二つ持っております。一つは原子力、もう一つはテレビ」

まるで、50年後の現在を見通していたかのようだ。

日本テレビ初代社長の正力松太郎は、アメリカから日本に原子力とテレビを導入した。その局で、自らを風刺するような番組を放送していたとは――。

ディレクターだった井原高忠《いはらたかただ》（84）はいまアメリカに住む。

「芸術祭に出すんだから、まじめな顔した番組を作ろう。じゃあ、テレビと原子力だって、すぐに決まりましたよ」

社内の抵抗はなかった、という。「ぼくの企画で通らなかったものはなかったからねえ」

（朝日新聞二〇一三年一〇月九日夕刊）

歌や踊りの娯楽性だけでなく、自局の創業者まで風刺の対象にするようなジャーナリズム性に注目しておきたい。いわば『日曜娯楽版』のテレビ版。かつての三木鶏郎、丸山鉄雄のように、井原高忠に永は鍛えられたのだろう。井原はその後も『巨泉×前武ゲバゲバ90分！』『11PM』などの名番組を世に出し、五一歳になった一九八〇年に日本テレビを退職。二〇一四年九月一四日、移住先のアメリカで亡くなった。八五歳だった。

「イグアノドンの卵」は、永が書いたものではない。放送されたころ、すでにこの番組から離れていた。そのいきさつを井原はこう振り返る。

なんで永ちゃんが僕とたもとをわかったたか、ということになると、これはまことにくだらないんだけど、安保騒動です。あの頃、岸内閣を倒せ、というデモ隊の赤旗が岸さんの家のあたりを取り巻いていて、永ちゃんは何とそっちへ行っちゃったの。それで僕んところに台本《ホン》が来なかったってことがあって、喧嘩になった。

個人の問題だから、共産党だろうが、赤旗振ろうが何でもいいけれど、『光子の窓』のホンヤが、台本《ホン》を書かないで安保騒動やってるってのは、ないと思うんだよ。台本《ホン》を書いてからやってもらいたい。それで喧嘩になって、もう永ちゃんとは仕事をやらない、ということになったの。それだけの話。

僕はやっぱり永ちゃんの台本に惚れて、台本《ホン》がほしくて組んでるんだからさ、それを袖にしておいて、岸内閣打倒なんてのは、あとでやってほしい、っていうんだよ。

（井原高忠『元祖テレビ屋大奮戦！』文藝春秋、一九八三年、一〇四頁）


永の自宅は当時、千代田区隼町で、国会に近かった。国会前で安保反対デモがあると、「いてもたってもいられずに参加した」そうだ。「デモと番組とどっちが大切なんだ」「デモですね」。そんなやりとりで井原と喧嘩別れしたあと、一緒に仕事をすることはなかった。永の降板後の台本を引き受けたのは、大橋巨泉。ラジオの『昨日のつづき』と同様に、永の後始末をする形で認められていく。

ちなみにこの前年、フジテレビの開局翌日から始まった時事風刺番組『おとなの漫画』の台本を書いていた永は「スタッフともめて降板、青島幸男にバトンタッチした」と振り返っていた。「永六輔は顔は長いが、気は短い」という評価が定着していく。

井原と永は、互いの力を認め合っていた。井原は晩年に私と話をしたときも永のことを気にかけていたし、永も「アメリカ仕込みの井原演出は面白かった。それでもデモを選んだのは、『日曜娯楽版』で身についた反権力の姿勢のせいでしょう」と私に語った。

永は安保闘争について「世の中を変えられると思って生き生きしていた分、挫折感は大きかった」と言っていた。安保の季節が終わると大阪労音（関西勤労者音楽協議会）のミュージカルなどに打ち込んでいたが、その先にテレビ人としてさらに飛躍する舞台が待っていた。

「あらゆる芸が集まるダムにしよう」

永六輔は「時代の子」だったとつくづく思う。ここまで見てきたように、戦後の解放感の中で始まった『日曜娯楽版』でラジオの世界に飛び込み、大人になるころに民放が次々に開局し、放送作家として売れっ子になった。そしてテレビ時代がやってきた。時代の風が魔法のじゅうたんにでも乗せて永を檜舞台へ運んでいくかのようだった。

一九六一年四月一日、朝日新聞の番組面が大きく変わった。それまでラジオが上に掲載され、テレビが下だったのを、逆にしたのだ。テレビが主役の時代が来たことを象徴していた。本章の冒頭でも触れた作・永六輔のテレビ番組『夢であいましょう』がNHKで始まったのは、その一週間後の四月八日で、六六年四月二日まで続く。

NHKの国民生活時間調査によると、六〇年には一日に五六分だったテレビ視聴時間が六五年には二時間五二分と、わずか五年で三倍に増えている。七〇年は三時間五分で、六五年とあまり変わらない。この急増した時期が『夢であいましょう』と重なる。
どんな番組だったのか。NHKが七七年に出した『放送五十年史』にはこうある。

土曜日夜の家庭向け、特に若い婦人層向けの歌と踊りとコントから成るしゃれた、いわば都会的なセンスのバラエティーショーで、新鮮な企画と演出によって多くのファンを獲得した。また、永六輔、中村八大のコンビによる「今月の歌」は多くのヒット曲を生んだが、中でも、坂本九の「上を向いて歩こう」、梓みちよの「こんにちは赤ちゃん」は大ヒット曲となった。

この番組のディレクター末盛憲彦《すえもりのりひこ》は、「大衆にミュージカルを楽しんでもらうためには、やはり観客がミュージカルの中に生活を見いだし、それが魅力とならなければならないと思う。われわれは大衆の中にミュージカルの素材を見いだし、そこから実験を重ねていくことではないかと思う」と述べていた。また、永六輔も、「都会、農漁村を通じて受けいれられるショー……。決してショー番組は都会的というかくれみのの中に逃げこんではいけないのだ。一人でも多くの人に観られなければいけないということ、何よりも、この原則を守るべきである」（「ミュージカルはこれでいいか」『放

送文化』昭三八・一一）と同じ趣旨を述べている。（五一二〜五一三頁）

いわばNHKの正史にこう書かれていることを、永は知らなかったらしい。私が二〇一一年の新聞連載で一部を引用したのを読んで、「若い婦人層向けの番組だったかなあ」と首をかしげていた。自身は、この番組をこんなふうに回想している。

演出の末盛憲彦さんと〝テレビが出来る事で世の中の役に立つ事をやろう〟というコンセプトで始まったバラエティ番組で、日本二千年の歴史の中で日本人は何を楽しんで来たのかを考えた。公共放送ですから子供から大人まで楽しんで貰わなくてはいけない。それから、これはテレビに向かないであろうと言うものも避けずに、例えば能、狂言、放浪芸、歌舞伎。

土の芸から裏の芸まで、すべてをどうすればテレビに向くようになるかを考え検討し、ありとあらゆる芸を受け止めようと。源流から流れ出た水が川になりそれをダムでせき止めるように、この番組はダムにしようとスタートしたんです。

生放送で台本そのままで進行しました。

（日本放送作家協会編『テレビ作家たちの50年』日本放送出版協会、二〇〇九年、四七頁）

「あらゆる芸が集まるダムにしよう」という思いは、当時の映像から伝わってくる。例えばDVDで発売されている一九六三年一二月七日放送の「落語国紳士録」を見てみよう。

まず、長屋の屋根に「バラエティー夢であいましょう」とタイトルが出る。屋根の上で火消しがまといをくるりとまわすと、まといに出演者の名が次々に現れる仕掛けだ。黒柳徹子、E・H・エリック、岡田眞澄、田辺靖雄、ミスター珍、デューク・エイセス、スリーバブルス……。毎回、この冒頭の工夫が楽しみだったのは私だけではあるまい。織維会社の宣伝部にいた吉村祥が担当していた。司会の中島弘子が首を右に曲げてあいさつするのも話題になった。二人ともテレビは素人だった。素人っぽさが画面に新鮮さをもたらすことに気づいていたから起用したのだろう。「テレビはプロとアマが共存できる場だということを証明した意味は大きい」と永自身が自慢していたことを思い出す。「いまやテレビ界が素人全盛になってしまったのは困ったことだけど」と続くのだが。

オープニングタイトルに「ゆーめを見ましょおー」と、坂本スミ子の歌が重なっていく。永が作詞、中村八大が作曲したテーマソングで、「夢であいましょう」という本来の歌詞が流れるのは番組の最後。冒頭は「夢を見ましょう」と始まるのだった。番組で一緒に夢

渥美清と

を見て、終わったら眠りについてまた夢の中であいましょう。そんなメッセージと私は受け止めた。「落語国紳士録」の回には、原作者でもある演劇評論家の安藤鶴夫がゲスト出演した。「浄瑠璃こそ日本芸能の源流」と永に教えた人だ。立川談志らが落語をもとにしたコントを面白おかしく繰り広げ、安藤が解説を加える。娯楽と教養があふれ、いま見ても古びた感じがしない。

永は演出の末盛憲彦と気が合った。「あらゆる芸能に詳しかった」とほめていた。新しいテレビ文化をつくった番組の土台には、伝統文化を尊ぶ作り手の志があった。

末盛が永と中村八大のコンビで番組を作ろうと思ったのは一九五九年、永の作詞で中村が作曲した歌「黒い花びら」がヒットしたころだ。永によれば、末盛が永に見せた出演者リストには、中島弘子、黒柳徹子、渥美清といった名前があったという。その年の一〇月、バラエティー番組『午後のおしゃべり』が始まり、それがそのまま『夢であいましょう』につながっていく。

『夢であいましょう』を永の創作史に位置づけると、その中にどっぷりつかって「泳法」を身につけた三つの川が集まった「ダム」だったのではないかと私は思う。

一つめはもちろん、ラジオの『日曜娯楽版』である。この番組の二本柱だったコントと歌は、そのまま『夢であいましょう』の中に生きていた。

二つめは、『光子の窓』。テレビならではの踊りや寸劇の魅力を引き継いだ。『光子の窓』は演出の井原高忠が私に「アメリカの真似だよ。真似したほうが時間もお金もかからない。ぼくほどうまく真似したやつはいない」と豪語していたように、アメリカのテレビ番組『ペリー・コモ・ショー』などを参考にした番組だった。そのことを意識して、永は『光子の窓』の経験を生かしながら、井原流を乗り越えるためにも『夢であいましょう』を日本文化の「ダム」にしようと考えたのではなかろうか。番組では日本の古典芸能に必ず触れ、それを演じるのは「ヘンな外人」のE・H・エリック。意外感を狙っただけでなく、六四年に東京オリンピックが開かれるなど国際化が進む中で「内なる異国」をさりげなく画面に出す工夫でもあったろう。これは私の全くの憶測だが、安保で反米闘争をした直後の永には、アメリカへの反発心があったと見ることもできる。

三つめは、ミュージカル体験である。詳しくは次章に譲るが、六〇年安保のあと、永は大阪労音のミュージカル『見上げてごらん夜の星を』などの台本書きや舞台監督の仕事に打ち込んだ。舞台のミュージカルをテレビでどう表現するか。そう考えながら、『夢であいましょう』の台本を書いていたのに違いない。

『夢であいましょう』が残したもの

『放送五十年史』には、NHKが東京二十三区の視聴者（一六〜六九歳）に『夢であいましょう』の印象を聞いた調査結果が載っている。「楽しめる」七七％、「親しみやすい」五二％、「しゃれている」三五％などで、否定的な反応としては「ふざけすぎる」一一％、「めまぐるしい」六％など。楽しい番組だが、ふざけすぎと思った人もいたようだ。

もし私が同じ質問を受けたら、「楽しめる」「親しみやすい」をあげ、もう一つ追加できるなら「ためになる」と答えただろう。小学生だったが、土曜の夜はこの番組を見るまで起きていて、眠ると本当に残像が夢に出てくる経験をした。「上を向いて歩こう」を歌う坂本九のにきび顔だったり、黒柳徹子や渥美清がおかしなやりとりをするコントだったり。夜遅く、子どもがちょっと背のびする感じで、大人の世界を夢見る気分になった。

似た思いの人が全国にいたのか。そう思ったのは、私と同じテレビ元年（一九五三年）生まれでテレビに深く関わることになった人たちの物語を軸に、「テレビ60年をたどって」という新聞連載をやったときだった。バラエティー番組を取り上げたシリーズで、記憶に残る番組を聞いてみたら、多くの人が『夢であいましょう』をあげた。

例えば新潟出身の歌手、小林幸子は「あの番組こそ、本当のバラエティーだと思います。おちゃらけでなく、一流の人が集っておもしろいコントをやる。歌もダンスもおしゃれでした」と言った。取材直後に小林のコンサートに行くと、黒柳の番組『徹子の部屋』をパロディーにしたコントのコーナーで、小林は大きなタマネギ頭で鼻をつまんで黒柳そっくりにしゃべって観衆の笑いを誘っていた。私と同じように『夢であいましょう』で黒柳を見て、ファンになったのだろう。

いまテレビで『徹子の部屋』によく似た番組『サワコの朝』をやっているエッセイストの阿川佐和子は、私が好きだった曲の名を口にした。「『夢であいましょう』で田辺靖雄さんが歌う『背のび』ってあったでしょ。年上の女性に恋する曲。歌ってたら、『やめなさい！』って母に叱られたの」。「背のび」は、六五年三月に『夢であいましょう』の「今月の歌」だった。私も阿川も小学五年を終えるころだ。鹿児島と東京で、同じような思いで少年も少女も同じ番組を見ていたことになる。

子どもは背のびして、大人の番組で育つ。子どもを育てるのは決して子ども番組だけではない。そのことをよくわかっているから、『夢であいましょう』のあとも永や黒柳は子どもが見ていることを常に忘れず、楽しい番組を送り続けてくれたのだろう。

永はそもそも、番組を「子ども向け」「大人向け」と分けて考えていなかったのではないか。TBSラジオ『全国こども電話相談室』（一九六六〜二〇〇八年）でともに常連回答者だった僧侶の無着成恭《むちゃくせいきょう》との対談で、「ぼくは、徹底して子どもの相手をしているようにみせて、実はおとながどう聴くか、ということしか頭にないです」と言い切っている（TBSラジオ『全国こども電話相談室①』小学館、一九九七年、二〇四頁）。

ここで永と黒柳の出会いにまつわるエピソードを紹介しておこう。

五〇年代半ば、三木鶏郎はディズニー映画の日本語版を監督した。アメリカから来たジョン・カッティングが総指揮で、自室でラジオを聴き、これはという声が流れてくると「この人に出演交渉をして来い」。そう命じられるのが永だった。

五六年に公開された『わんわん物語』のときは大変だったらしい。「ブル（ブルドッグ）はこの人がいい」。カッティングが言ったのは、国会中継で質問していた社会党委員長の浅沼稲次郎《あさぬまいねじろう》だった。永が議員会館へ行くと、「一〇日間もスケジュールはとれません」。そう断った浅沼は「次の機会に」という約束を守り、『わんわん物語』がラジオドラマになったとき、ブルドッグになりきって熱演した。

永によれば、オーディションで「レディ」の役にいったん決まったのが黒柳だったとい う。だが、カッティングの気が変わり、新人の宝田薫を起用する。永は赤いハンドバッグを持って、黒柳に謝りに行った。それが初対面だったが、黒柳は「よく覚えていません」と私に言った。『わんわん物語』は、永もメキシコ犬「ペドロ」の役で出演。「カッティングさんに、アメリカ式の完璧主義をたたきこまれた」と振り返っていた。

さて、『夢であいましょう』の画面からは、出演者やスタッフが和気あいあいと楽しそうに番組をつくっている空気が伝わってきた。黒柳は私にこんな話をしてくれた。

「みんなすっごい仲良しだったの。本番が終わると、永さん、八ちゃん（中村八大）、渥美さん、末盛さんたちと一緒にご飯を食べに行くんです。八ちゃん以外はお酒飲まないから、散々しゃべって、食べて。それから次は永さんの家へ行くの。永さんの奥さんは何時に行こうがすごいきれいにしてらして、それでめっちゃもう（笑）。八ちゃんなんか酔っぱらって『酒池肉林の世界にしよう』とかめちゃくちゃなこと言ってね。『夢であいましょう』は次から次に永さんと八ちゃんの作る歌がヒットして、（坂本）九ちゃんも入ってきて。何だかいつもみんな一緒にいた気がするわ」

仲の良い人たちが家族のように楽しくつくるから、見る方も楽しい。番組づくりの原点

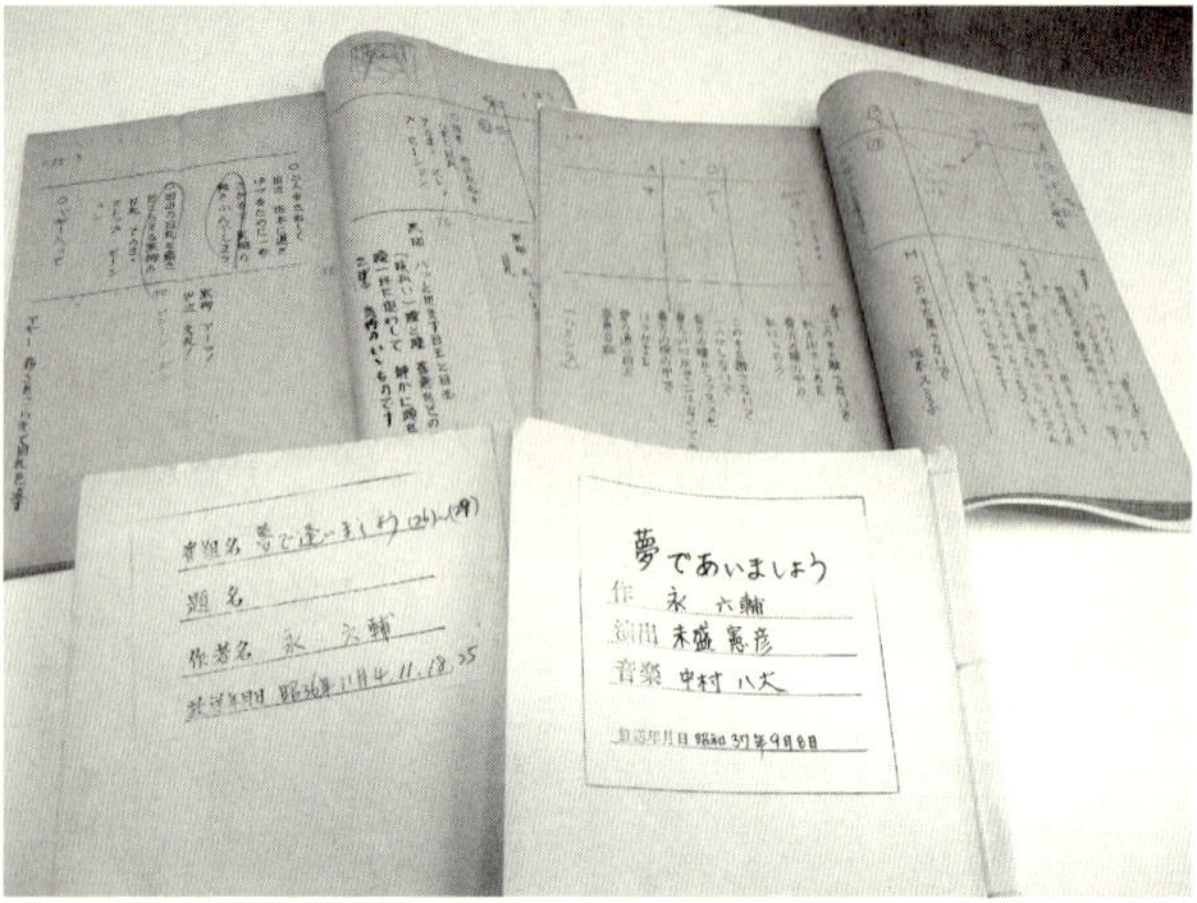

『夢であいましょう』の台本。表記が『夢で逢いましょう』の回もある

がここにはある。だからこそ、永も途中降板しないで最後まで完走したのだろう。

生放送だったことも、失敗などを互いにカバーしあう気持ちを高め、親近感につながった。スタジオは狭く、装置がぶつかる音などが視聴者にも聞こえる。黒柳は永に「言ってもいい？」と断って、番組の中でこう言った。「『夢であいましょう』おなじみのノイズです」

黒柳はその後も「生放送」にこだわり続けている。七六年に『徹子の部屋』を始めたとき、収録を編集しないことを条件に引き受けた。「ほぼ生放送だからこそ、みなさんが本音を語ってくださると思ったし、実際にそうなのよね」と確信を深めているようだ。「永さんって、いつこんな面白いコントを思いつくんだろうって不思議だったし、コントを一緒にやった渥美さんからも浅草の話とか教わって。いろんな意味で『夢であいましょう』が私の原点です」と言う。

生放送にこだわりがあったのは、永も同じだ。

僕は三十分の番組は三十分で撮る、または録音するということが当然と考えてきた。つまり生放送と同じ緊張感があるべきだということである。録音でも、録画でも決められた時間内に収めることができて初めてプロなのだ。

（『たかがテレビ されどテレビ』倫書房、一九九七年、二四七頁）

「今月の歌」から生まれた数々の名曲をはじめ、『夢であいましょう』が残したものは文化史のうえでも大きい。だが、その番組は生放送で、NHKにも録画が残っていなくて困ったという話を聞いたことがある。いまDVDなどで見られるのは、演出の末盛が個人的に録画したテープが残っていたからだ。黒柳によれば、本番前日の金曜夜に稽古があった。そこで末盛が前週の録画をみんなに見せる。「『反省してくださいね』って言うんだけど、生放送だから私たちも自分の番組を見てないでしょ。面白いから、私と九ちゃんなんかもうひっくり返って、大笑いして」と黒柳は振り返る。

放送評論家の志賀信夫は『テレビ番組事始――創生期のテレビ番組25年史』（NHK出版）の『夢であいましょう』の項で、末盛が番組を保存していたことを紹介して「末盛がいかにこの番組に愛着を持っていたかが分かった」と書いた。私も全く同感だ。もし末盛が録画を残していなければ、放送終了後に生まれた人はこの名番組を見ることができなかった。そう思うと、ぞっとする。

『テレビファソラシド』の冒険

永にとっても、『夢であいましょう』が残したものは大きかった。

末盛との友情は、NHKの『ばらえてぃ テレビファソラシド』（一九七九年四月三日〜八二年三月二三日）で、また違う花を咲かせる。永は『夢であいましょう』のあとはテレビに距離を置くようになったが、演出が末盛だからやる気になり、最後まで完走したのだった。台本を書くだけでなく、自らレギュラー出演し、「バラエティーには、意表をつく楽しさが必要」という考えを実践した。放送開始を告げる新聞記事はこうだった。

TBSラジオを「専属放送局」にしてきた永六輔が、ついにその〝節を曲げて〟四月からNHKテレビにレギュラー出演する。毎週火曜夜八時からの新番組「テレビフアソラシド」のアシスタント役で、番組の構成も永六輔自身。

番組は漫才の内海桂子、好江、アメリカ人の俳優ケン・フランケルらをレギュラーに、音楽や漫才、歌舞伎などさまざまなジャンルを素材に、テレビ的な新手法をうったバラエティーだが、もう一つの話題は、ゴールデンアワーの娯楽番組には珍しくNHKの女性アナウンサーが五人も登場すること。

女性アナウンサーの司会進行役への起用は永六輔の「強い要望」の結果と伝えられているが、NC9（ニュースセンター9時）の天気予報まで部外者で、女性アナウンサーはもっぱら地味な番組ばかりだっただけに、〝タレント化〟の成否は注目されるところ。すでに、新人の頼近美津子アナウンサーなどは、週刊誌にも取り上げられる人気も見せている。

（朝日新聞一九七九年三月一五日夕刊）

いまのNHKで女性アナウンサーがバラエティー番組の司会を務めるのはごく当たり前だが、その道を切り開いたのは、この番組だった。ほかにも、NHK側が難色を示したサングラス姿のタモリ、「たのきんトリオ」の一人として人気が出始めていたマッチ（近藤真彦）ら「意表をつく」レギュラー出演者を起用して話題になる。新人を何人も世に出した『夢であいましょう』をさらに過激にしたかのようだった。それがことごとく当たった。

当時、新聞のインタビューで永がこんなことを語っている。

「テレビに出るの、好きかといえば好きではない。それが六年ぶりにテレビに出るようになったのは、好きなNHKの女性アナウンサーに、好きなゲストが集まって、僕がとても気持ちいいようにしてくださるから」

「今のテレビ、テレビに出たがる人ばかりで作っているからつまらない。世の中にはテレビに出たがらない人もいっぱいいる。本当のバラエティーは出たがらない人を引っ張り出すことにある。出たがる人が出ているのは寄せ集めというものです」

「テレビでその人のいい芸に触れてからその人の本物の芸を見る、というふうにつながっていくことが大事なんです」

（東京タイムズ一九七九年九月一六日）

この記事によれば、永は「テレビに出たがらない人」を一人一人説得して歩いたという。山村楽正《らくしょう》（上方舞）、赤尾三千子（笛）、広沢瓢右衛門《ひょうえもん》（浪曲）、桃山晴衣《はるえ》（三味線と古謡）、金子由香利（シャンソン）、近藤英一（カンツォーネ）……。永がかつて淀川長治に「いいものは何でも見なさい」と言われたような芸能の担い手たちだ。「それらがなんだって入ってくるのがテレビらしいテレビです。テレビが生き生きとしてくるのはそういう時だと思う」と同じ記事で永は言っている。
本章の冒頭で引用した「日本のあらゆる芸能をテレビが如何に受けとめるべきか」という思いを貫こうとしていたことがわかる。

ホントにテレビが嫌いだった?

「テレビに出たがらない人」といえば、永自身がそうだった。例えば七〇歳を過ぎたころの本で、親友の矢崎泰久に「そんなに情熱を注いだテレビから、永さんはわりと早く身を引いてしまいますね」と水を向けられ、こう話している。

テレビがどんどん普及して、テレビの世界が巨大化したことが、一つの理由です。巨大化したテレビの影響力の大きさを見て、このメディアは危ないぞ、と思いました。テレビは、寄席《よせ》をやるようなメディアではないんです。他のメディアではできないことをもっとやらなければいけない。ところが、テレビなら何でもできるぞ、という傲慢《ごうまん》さが出てきていました。それが嫌になったこともあります。
それから、テレビのおかげで消えてしまったものが、たくさんあるんです。その後始末をしなくてはいけないと思いました。なにより、ぼくの性格は、これほど巨大化したテレビには合わない。おつきあいすることはできても、そのなかにいることはできないと思ったんです。　（『老い方、六輔の。』飛鳥新社、二〇〇四年、六一～六二頁）

それでも永は、テレビに全く出なかったわけではない。黒柳の『徹子の部屋』には亡くなる直前まで出たし、何か言いたいことがあると、NHKのオピニオン番組『視点・論点』で視聴者に顔を向けて語った。『筑紫哲也ニュース23』にも何度も出演した。

もう一つ忘れてならないのが、第1章の最後でも触れた長寿番組『遠くへ行きたい』である。永の没後も毎週放送され、冒頭で永作詞の曲「遠くへ行きたい」が流れる。

この番組は、一九七〇年一〇月四日から放送が始まった。国鉄（現JR）が「ディスカバー・ジャパン」のキャンペーンの一環として提供し、当初は永が一人で毎回どこかに旅をする『六輔さすらいの旅・遠くへ行きたい』というタイトルだった。

最初から現在まで実際に番組を作ってきたのは、日本で最初の独立系制作会社「テレビマンユニオン」だ。労働争議をきっかけにTBSを飛び出した作り手たちが七〇年二月に設立したばかりで、永は「応援の意味も込めて番組を引き受けた」と言っていた。

テレビマンユニオンの創設メンバーの一人で、この番組の第一回のディレクターを務めた今野勉が、永を追悼する文章で、当時のいきさつを説明している。

まず、広告代理店「電通」のプロデューサー・藤岡和賀夫《わかお》が、国鉄に旅番組を提供させる話を読売テレビ東京支社次長の中野曠三《こうぞう》に持っていった。中野は、飲み仲間であるテレビマンユニオンの萩元晴彦《はぎもとはるひこ》に「仕事をお願いできますか」と持ちかけた。萩元は今野たちと何度も会合を持ってゼロから旅番組なるものを考え、そのうちジェリー藤尾が歌う「遠くへ行きたい」を思い浮かべた。その作詞者の永が旅先の話を語るラジオ番組をやっていて、毎週日本中を旅していることもわかった。永を旅人にして番組を作る案がまとまったが、誰も永と面識がない。そこで、萩元は麻雀仲間の矢崎泰久に相談。矢崎が永に伝えると、永は萩元たちに会うこともなく承諾した。今野は続ける。


こんな話を長々と書いたのには訳がある。最初の藤岡和賀夫から最後の永六輔まで、登場する五人すべて私的な関係だけでつながっていたということを話したかったのである。ここには組織は登場しない。

それは偶然だったかもしれないが、今考えると、永六輔という人は、そのような個のつながりの中でしか仕事を引き受けなかった人だったのかもしれない。永六輔は、出会い方からして「個」の人だった。

（TBS『調査情報』二〇一六年九・一〇月号、五〇頁）

永は萩元に会って「旅とは、見知らぬ町の横丁を曲がる愛しさというようなものであるけれど、自分としては、それとともに、『歩く』という行為をつきつめて考えるというようなこともあっていいと思う」と語った。その話を聞いて今野は「してやったり」と内心、手をたたいたという。「旅番組の基本は、歩く旅人を移動撮影するということと、旅先で出会う土地の人々との会話を同時録音でとらえることだ」と考えていたからだ。

「アリフレックスBLという、移動しながら録音できるカメラが最近売り出された、という朗報を私は技術系のスタッフから聞いたばかりだった」のもタイミングが良かった。

撮影前に永はいくつか注文をつけた。一つは「旅先に人を訪ねて撮影する際は最低限の礼儀を守れるようなスタッフであってほしい」。もう一つは「ふつうのドキュメントにはない『おかしさ』というような要素を入れたい」。さらに「旅先のきれいな風景の中に自分のような中年男が立ってもぶち壊しになるだけだから、そういう時のために、毎回、美女を一人連れていくことにしてはどうか」。今野は「永六輔の頭の中のテレビは実に自在なのだ」と驚いた。

第一回の旅先に永が選んだのは、岩手県の小岩井農場と、石川啄木の故郷である渋民村だった。永の注文はことごとく形になり、今野たちを感心させた。誰かの家に入るときは、撮影中のカメラマンもあいさつする。小岩井農場で大きな積み草を見つけたとき、草をすくいとると中から若い男女の足がからみあって見えるというギャグを永は思いついて実行する。何の説明もなしに美女（「イメージガール」と呼ばれた）がさりげなく登場する。やがてこの番組に定着していく工夫の一つ一つにスタッフが共感したからこそ、長寿番組となり、その後の旅番組に大きな影響を与えたのだろう。

今野は永との仕事をこう振り返る。

番組は「個」が作るものであり、そして「個」を超えたものであることを、私は、『遠くへ行きたい』を撮りながら学んでいった。

永六輔は、最初の『遠くへ行きたい』シリーズ二十六本に毎回出演したあとしばらく休み、以降、最後の京都編まで、旅人として八十回（他にゲストとして二回）、『遠くへ行きたい』に出演した。『遠くへ行きたい』は永六輔のライフワークだった。決してテレビが嫌いなのではなかった。嫌いなテレビがあるというだけのことだった。

（同前、五三頁）

私も今野と同じ感想を持つ。永は私にこんなことを言っていた。

「永六輔はテレビに出ない人。でも、テレビマンユニオンは長くやってて信頼関係ができているし、黒柳クンに言われると出るっていうイメージができてますよね。それを壊そうとする人がいないのが悔しい。テレビに出ないって言ってる人を何とか出して、一緒に何か新しいものをつくろう。そうやって口説いたら、絶対に面白いものができると思うんですよ。ぼくらがテレビを始めたとき、断られるのは当たり前だった。断られても断られても食いついて、出てください、出てくださいっていうのを、ぼく自身がやってましたから。それやられると、何回目かに『もういいや』ってなっちゃう。断固として出ないわけじゃない。上手に口説いて使ったら、永六輔って面白いと思うんだけどなあ。あんまり言い過ぎると出たがってるみたいだから、言わないけど（笑）」

この話を私が聞いたあと、『遠くへ行きたい』で京都へ行く話が来て、永はうれしそうだった。私は当時、今は閉局したCSテレビ局「朝日ニュースター」の番組『別刊朝日新聞』でキャスターをやっていた。「永さんの嫌いなテレビなんですけど、出てくれませんか？」と誘ってみたら、「あなたが等身大でやってる感じの番組だから出るよ」。しつこく口説いたわけでもないのに、出演してくれた。

そう、永六輔は決してテレビが嫌いなのではなかった。

六輔六語録❸

テレビは映像、ラジオは言葉とわけてしまったのが放送の欠点で、テレビはより言語的に、ラジオはより映像的になるべきだ。

放送関係者はニューメディア以前にこのことに努力すべきである。

（『永六輔のメディア交遊録　逢えてよかった！』朝日文庫、一九九八年、一九三頁）

❖

僕の生活自体がバラエティ・ショーである。そして僕はバラエティ・ショーを作る人間は、まず自分の中にバラエティを持たなければという信念を持っている。

その中で自分を育てたいと願っている。

（『一流の三流』六頁）

❖

今のテレビからは「芸はいらない」って声が聞こえてくる。例えば大食いの人がスターのようにもてはやされるけど、あれはほんとうに「芸」ですか。

個人の感性が時代の感性とうまく出あうかどうか、テレビの世界ではそれがすべて。受け継いだり伝えたりする必要はない。だから「二代目タモリ」や「二代目所ジョージ」は、いない。

（朝日新聞二〇〇二年一月四日夕刊）

❖

我々、ちょうどメディアの境目に育ってきて、境目で仕事をして、境目で仕事が終わっちゃうかな、って感じがするね。これから先だと思いますね。テレビがメディアとして本当に成熟するのは。だから、テレビの実験時代ってあったんだけど、今だに実験してる気がする。五十年経っても。

（『生き方、六輔の。』一八四頁）

❖

現実がテレビ的になり、テレビ的になった現実が真実として伝えられ、テレビを抜きにしては生きてゆけなくなり、心ある人は「ラ・マンチャの男」のように、悲劇の主人公になるであろう。

そして叫ぶ、「テレビ、それは真実の敵だ！」

（『街＝父と子』一五九頁〜一六〇頁）

❖

テレビからも三味線の音がもっと聞こえるといいな

（『たかがテレビ されどテレビ』二四九頁）

第4章 遊芸渡世人の本領

中村八大と＝1985年の渋谷ジァンジァン公演のころ

いつも小沢昭一さんと話すんですが、「お前は何なんだ」と問われると「結局、オレは何なんだ」という話になっちゃうわけ。僕は芸人に入らないでしょう。だからといって文化人とかタレントとか、どれもピタっとこない。そうすると、最終的には「遊芸渡世人」。小沢さんもこの言葉が好きです。「芸に遊んで、世渡りしている人」。

「黒い花びら」が初作詞ではなかった

著書『芸人その世界』が岩波現代文庫版になったとき（二〇〇五年）のあとがき「四十年ひと回り」から。「遊芸渡世人」にピンと来ない人も「芸に遊んで、世渡りしている人」と説明されれば、納得がいくだろう。永六輔には確かにそういう面があった。

ラジオ、テレビを含めて、様々な芸の世界に首を突っ込む。本人に言わせれば「世渡り上手は昭和一桁生まれの特徴」だそうだが、しばらくそこで遊んで、やがてやめてしまうこともしばしば。その典型例が、歌の作詞だったのではないだろうか。

途中でやめたのに、作詞家として残したものはとてつもなく大きい。永の没後、青森県で新聞記者を続けていた私は追悼の気持ちを込めて、ＣＤ二枚組の『上を向いて歩こう　永六輔作品集』（ＥＭＩミュージック・ジャパン）をかけっぱなしにしながら、車を運転して取材に行ったり原稿を書いたりしていた。東京にいたころに大学の講師として教えていた学生たちが遊びに来て、このＣＤを聴いてこう言った。「えーっ、この曲も永六輔さんだったんですか」。若い世代もどこかで無意識に耳にしていた曲が少なくないということになる。収められているのは、こんな五〇曲である。

黒い花びら／黄昏のビギン／恋のカクテル／夢であいましょう／上を向いて歩こう／幸福《しあわせ》のシッポ／ブルージン・ブルース／青空を抱きしめよう／遠くへ行きたい／いつもの小道で／芽生えて、そして／故郷《ふるさと》のように／おさななじみ／こんにちは赤ちゃん／誰かと誰かが／ウェディング・ドレス／パララン・パン／目を閉じて／娘よ／帰ろかな／モンキー・ボン・ダンス／抱きしめて／しあわせ／一人ぼっちの二人／万葉集／あの人の…／見上げてごらん夜の星を／ともだち／女ひとり／別れた人と／いい湯だな／銀杏並木／ここはどこだ／筑波山麓合唱団／フェニックス・ハネムーン／私の好きなもの／勉強のチャチャチャ／欽一・順子の子守唄／あの娘の名前はなんてんかな／サヨナラ東京／寝不足なの／愛しているなら食べて／二人の銀座／初めての街

で／明日《あした》天気になあれ／明治村から／小諸わが想い出／明日《あす》咲くつぼみに／生きているということは／生きるものの歌

これを見て先の学生と同じ感想を持った方もおられよう。永の作詞はほかにもたくさんあるが、代表的な五〇曲を一覧しただけで、その偉大さがわかる。しかも、ほとんどが一九五九年から一〇年ほどの間に作られた。六〇年代末に「作詞をやめる」と宣言し、あとは親しい人に頼まれて作る程度だった。それなのに、当時ヒットしただけでなく、今なお歌い継がれている曲がいくつもあることに改めて驚く。

売れっ子作詞家への道は、二歳上で早稲田大学の先輩でもあった作曲家、中村八大との二人三脚で切り開かれたことはよく知られている。

発端は、五九年のできごとだ。顔見知りだった二人は、東京・有楽町の日劇前でばったり出会う。永によれば、中村が先に声をかけてきた。

「君、作詞やってくれる?」

「自信ありません。できるかどうか」

「できるよ。大丈夫!」

中村はすでに名の知れたピアニストだった。永は、早稲田大学の大隈講堂でクラシックを弾く姿を見て憧れの気持ちを抱いたという。当時の日本のジャズ熱を牽引する存在で、松本英彦（サックス）、ジョージ川口（ドラムス）、小野満（ベース）と五三年に結成した「ビッグ・フォー」は、超がつくほどの人気バンド。中村は五三年から五九年まで七年間、ジャズ専門誌『スイングジャーナル』の人気投票でピアニスト部門の一位だった（スイングジャーナル『新・世界ジャズ人名辞典』）。

有楽町で会った二人は、一緒に中村のアパートへ行った。中村は、当時ブームだったロカビリーの映画『青春を賭けろ』の音楽を翌日までにと東宝に頼まれ、相棒の作詞家をさがしていたのだった。その夜のことを永は私にこう言った。

「八大さんは勝手に曲を作る。ボクは勝手に詞を作る。両方できたところで、この曲にはこの詞という具合にくっつけていく。徹夜して一晩で一〇曲を仕上げた」

中村も同じようなことを語ったうえで「語呂合わせをしたり、いい詞のところを曲のいいところに乗っけてみる。そんなことをしているうちに、いいものがいくつか並び、その中に『黒い花びら』があった」と振り返っている（『ぼく達はこの星で出会った』）。

「黒い花びら」は新人歌手の水原弘が歌ってヒットし、年末に第一回日本レコード大賞に輝く。レコード大賞の発表会はTBS系で大晦日恒例の看板番組になっていくが、東京の文京公会堂で開かれた第一回は生中継ではなく、三日後の放送だった。レコード大賞といってもまだ知られておらず、客の入りも悪かったという（『ＴＢＳ50年史』）。それでも永にとっては、発表会後のパーティーで作曲家の服部良一や古賀政男に紹介されるなど、作詞家として音楽界で認められる場になった。

とはいえ、永はこれ以前にも作詞をしていたという事実を見落としてはならない。

例えば、「黒い花びら」を作る前年の五八年一一月に公開された青柳信雄監督の映画『次郎長意外伝　灰神楽木曽の火祭』には、「作詞」として「永六輔」の名が出てくる。この映画は三木鶏郎のところにいた人たちが何人も参加していて、三木のり平が主役の灰神楽三太郎を演じ、小野田勇が中心になって脚本を書いた。永は小野田に頼まれて脚本のギャグを担当したと言っていたが、作詞もやっていて不自然ではない。

永の没後に出た矢崎泰久編『永六輔の伝言　僕が愛した「芸と反骨」』には、「鶏郎さんの作詞もたくさん手伝わされました。でも、どんどん直されて、違う歌詞になってしまう。だから、作詞は素人だと自分で思っていたんです」と語るくだりがある。私も同様の言葉を本人から聞いた。放送作家だけでなく、作詞家としても、三木鶏郎が「永六輔」の生みの親だったと言っていい。三木の作詞になっている曲で、永が関わったものは少なくないのではないか。具体的な曲名も私は本人から聞いたが、確認がとれないのでここには記さないでおく。

永に限らず、三木のもとに集った人の中には作詞を手がけた人が多い。作家の野坂昭如は、「おもちゃのチャチャチャ」や「伊東に行くならハトヤ〜」のＣＭソングなどで知られているし、同じく作家の五木寛之も松坂慶子が歌った「愛の水中花」などたくさん作詞している。野坂の回想を紹介しておこう。

三木鶏郎氏のもとには、たしかに才能がよく集るようで、昭和三十一年前後の民放界には、このいわばトリロー系と、旧ムーランルージュ系、二つの山脈があって、前者は音楽に強く、後者はストーリーの構成においてすぐれていた。トリロー代貸しといった形で、重きをなしていたのがキノトール氏だけれど、彼だけはこの派に珍しくドラマが書けて、それ以外は何らかの形で音楽にたよるといってわるければ、それをうまくとり入れた作品にすぐれ、誰もが作詞できた。（略）永六輔が「黒い花びら」でたちまちヒットソング作詞家となったのも、別に不思議ではない。

（『風狂の思想』一四二頁）

なお、「黒い花びら」について「あれは樺美智子さんへの追悼の思いを込めて永六輔が作詞したんだよ」といった言い方を聞くことがある。これは事実と違う。安保闘争で学生たちが国会に突入して警官隊と衝突し、東大生の樺美智子が亡くなったのは、六〇年六月一五日。「黒い花びら」はそれより一年早い五九年の作品である。ただ、六〇年安保闘争の中で、この曲が歌われたことは間違いない。

「上を向いて歩こう」の舞台裏

「黒い花びら」のあと、永は作詞家として次々にヒットを飛ばす。

その主な発信源になったのが、前章で取り上げたNHKのテレビ番組『夢であいましょう』だった。その「今月の歌」を一九六一年四月からの放送順に並べてみる。

誰も知らない／夜のためいき／朝がくるのに／海は知っている／電話のベルが待遠しい／気の早い落葉／上を向いて歩こう／幸福のシッポ／ブルージン・ブルース／青空を抱きしめよう／風に歌おう／遠くへ行きたい／幸福がくすぐるの／この手を離さないで／いつもの小道で／お早う今日は今晩は／母さんになりたい／一人になりたい／故郷のように／太陽に頬よせて／一人ごとのブルース／芽生えて、そして／ぼく帰りたい／おさななじみ／涙にしてみれば／こんにちは赤ちゃん／誰かと誰かが／昔を今に／ウェディング・ドレス／パラランン・パン／誰も／心はずんで／目を閉じて／その時だけの為に／君が好き／こんなことってあるかしら／娘よ／言葉なんて／若い涙／明日私は／あの人／あの涙／帰ろかな／幸福って奴は／どうする？／背のび／ひとりもの／僕と今夜／ありふれた恋／アラの歌／モンキー・ボン・ダンス／あいたくても／抱きしめて／坊や／男の歌／私でよかったら／歌え、君の歌を

（『上を向いて歌おう――昭和歌謡の自分史』飛鳥新社、二〇〇六年、二五二～二五三頁）

これらすべてが作詞・永六輔、作曲・中村八大だった。番組で毎週歌われ、日本列島の隅々まで届いた意味の大きさを改めて思う。当時、鹿児島の田舎で小学時代をすごしていた私にとっては、近くにレコード店もなく、電波が運んでくる永作詞の歌がそのまま音楽への関心につながった。同じような体験をした人が日本中にいたはずだ。

「上を向いて歩こう」を歌った坂本九は、この番組に出る前にブームが起きていたロカビリーの「申し子」と呼ばれて若手人気歌手の一人だったが、六輔、八大との「六・八・九トリオ」でヒットを重ね、当代一の花形スターになっていく。

当時の雰囲気を感じさせるのが、『アサヒグラフ』の一九六二年新年合併号である。表紙に坂本九の顔を大きく載せ、「『上を向いて歩こう』6・8・9大いに語る」という特集を組んだ。6（永六輔）が「はじめてだな。こうしてこの三人が集るのは」と言い、8

（中村八大）が「そう、仕事では顔を合せることがあってもね」と応じるやりとりから鼎談は始まる。「上を向いて歩こう」の裏話に及んだ部分を抜き出してみよう。

8　永ちゃんが一生けんめい説明するんだけどね、僕はどうもわからない。「上を向いて歩こう」なんて変な題名、聞いたことないしさ。

6　八ちゃんは題名を変えろって、ずいぶんいったね。僕は頼むからこの題にしてくれってガンバったんだ。

8　そのまんまになったら、よくなっちゃった。どうも済みませんでした。（笑い）

6　歌を作る時、僕、自分がうたいたい歌を作るんだ。だから、ほんとは自分でうたいたいんだけど、八ちゃんがウンといわない。歌手として認めてくれるよう、遠まわしにいったって、全然、聴えないふりをしてるんだ。（笑い）でも、この歌は僕じゃなくって、九ちゃんがうたってくれてよかったよ。（笑い）

8　永ちゃんもそうだと思うけどさ、九ちゃんがああいうふうにうたうとは、夢にも思わなかったね。

6　ほんとに九ちゃんらしいな、と思った。僕ら、歌を作る時、歌手はこううたうなって、予想がつく。だけど、九ちゃんがうたいだした時は、アゼンとしちまった。僕

『アサヒグラフ』1962年新年合併号で談笑する6・8・9トリオ。左から坂本九、永、中村八大＝朝日新聞社提供

らが作ったものからとび出しちゃったからね。

9　ウソ、ウソ。僕、あの歌、全然わかんなかった。「涙がこぼれないように」っていう、あの辺なんかは、わかるんですけど。でも、一生けんめい考えました、僕なりに。あの時、トチらないでうたえただけでも、よかったと思います。……トチらなかったでしょ？

8　ほとんど、トチらなかった。（笑い）

6　僕もトチらなかったと思った。あとでテープを聴いたらちょっとトチってる。（笑い）

説明が必要だろう。坂本九が「あの時」と言ったのは六一年七月二一日、東京・大手町の産経ホールで開かれた「第三回中村八大リサイタル」で、初めて「上を向いて歩こう」を歌ったときのことを指す。その後、テレビの『夢であいましょう』で歌い、一〇月と一一月の「今月の歌」になった。レコード発売は、一〇月一五日だった。

「九ちゃんがうたいだした時は、アゼンとしちまった」と永が言っているのは、当日の舞台監督をしていての体験談だ。八五年に坂本が日航機墜落事故で急逝したあとに永が書いた『六・八・九の九　坂本九ものがたり』（中央公論社、一九八六年→中公文庫＝副題を正題に、ちくま文庫で二〇一七年再刊）で、この舞台のことを振り返っている。


「初めまして、坂本九と申します。これから『上を向いて歩こう』を歌わせていただきます」

これが初対面だった。

そして九は舞台へ。

六輔はその歌を聞いて耳を疑った。

「ウォウウォウウォ」とは何だろう。

九の声も緊張して上ずっていた。

六輔の耳には……、

「ウヘッフォムフフフィテ
アハルコフホフホフホフ」
なんだこの歌は！
「ナハミヒダハガハ
コッボッレッヘェナハイヨフホフホフニ」
六輔は九がふざけているとしか思えなかったが、舞台の袖からみていると、九は前傾姿勢の直立不動、しかも足がガタガタとふるえている。
「ヒトホリ　ボホッチヒノォ
ヨホルフ……」（一人ぼっちの夜）
歌詞を間違えた個所もあったりして、九は舞台から退場すると楽屋へ駆け込んでいったが、その廊下にハナ肇と、水谷良重がいて、
「いい歌だな」
「こういうのヒットするのよね」
と、声をかけてきた。
六輔も、八大も、九も、この時、この歌がヒットするとは思っていなかった。

結果は、水谷良重の予感が見事に当たったことになる。晩年の永は私に言った。

「歌詞が言葉足らずなのを、お母さんの三味線で育った九ちゃんが邦楽の歌い方で埋めてくれた。それがエキゾチックな味になって、世界でヒットしたんでしょうね」

洗足学園音楽大学で現代邦楽研究所の所長をしている森重行敏は「坂本九の歌い方は、邦楽の産《う》み字《じ》でしょう」と指摘する。「産み字」というのは、母音を伸ばして重ねていく歌い方だ。坂本九は確かに母親の三味線音楽を聴いて育っているから、楽譜の足りない部分を産み字で埋めて、「上を向いて」を「上をぉ向ぅいてぇー」といったふうに歌ったのだろう。坂本の身についたロカビリーのリズムや、ジャズもクラシックもこなす中村八大の持ち味がミックスされて、日本風だが国際的でもある曲が生まれたのに違いない。

世界中でヒットしたけれど

「上を向いて歩こう」がアメリカの『ビルボード』誌でヒットチャート一位になるのは、一九六三年六月。アメリカでは「スキヤキ」という曲名になり、世界中で歌われたことは、ご存じの通りだ。永によれば、中村八大は「この歌は陽気に演奏できるかと思うと、しんみりとも演奏できる」と誇らしげだった。確かにコードがメジャーになったりマイナーになったりし、明るい曲調かと思うと哀愁を帯びる。それが日本人に心地よく、外国人には異国情緒に響いてひかれるものがあった。そんなふうに永は納得しているようだった。

ただし、この歌が東日本大震災の被災者を励ますかのように使われたことには、本人は戸惑いがあった。当時、私にこうぼやいた。

「あんまり人に話さないんだけど、あれはね、八大さんがすごい天才なの。最初にね、『永クン、歩く歌を作っておきたい』って言うわけ。『歩くテンポはこういうテンポ』って手をたたいて説明するから、『どういうふうに歩くの?』って聞いたら、『やっぱり、泣きながらかなあ』って。そういう作り方をしてるんです。八大さんの曲のイメージが先にあって、歌詞は泣き虫の子が夜うろうろ歩いてるだけの歌なんですよ。はっきり言って、だらしないセンチメンタルな歌。それを励ます歌ととらえて、ぼくに感想を聞かれたって困るんです。

でも、歯をくいしばってがんばってて、自分の歌として歌っている人がいっぱいいるでしょ。で、困っちゃう。苦し紛れに言い訳を考えてね。日本の宗教はお遍路さんみたいに歩く行為の中にあるんじゃないか、歩きながら耐える、歩きながら考える……。ぼくが恥ずかしい思いをすればいいやって。そのへんを行ったり来たりしながら何十年もやってきた気がするんですね。作った歌が一人歩きを始めるのはこれはもう仕方がない」

永によれば、中村はピアノは使わずに頭の中で曲のイメージをつくり、永が作った詞の中から気に入った言葉を当てはめていった。歌手が先に決まっている場合は、中村の頭の中では歌手のイメージも重なっていただろう。

そもそも永は、大学の先輩で尊敬するピアニストだった中村に頭が上がらなかったようだが、このときは二つ抵抗を試みている。一つは「上を向いて歩こう」という題名をかえないでほしいということ、もう一つは歌手をかえてほしいということ。先の鼎談にもあったように、前者については中村は言い分を受け入れたが、後者は聞く耳を持たなかった。「それで良かった」と、永も坂本九を知るにつれて確信するようになっていったのだった。

「泣き虫の子が夜うろうろ歩いてるだけの歌」「だらしないセンチメンタルな歌」と永が言っているのを、謙遜しすぎと思うのは私だけではあるまい。鼎談でも「自分がうたいたい歌を作るんだ」と言っていたように、とにかく作ってみた「黒い花びら」のころと違って、自分の気持ちを素直に口語体の歌詞にすれば、リサイタルの聴衆やテレビの視聴者も口ずさんでくれるのではないかと考えるようになっていたころでもある。永が、自分の思いを「上を向いて歩こう」に込めなかったはずがない。

音楽プロデューサーの佐藤剛は、東日本大震災の年に出した『上を向いて歩こう　奇跡の歌をめぐるノンフィクション』（岩波書店、のち小学館文庫）で、「当時の永六輔の心の奥底に横たわっていた悲しみがテーマとなったと考えるのは、さほど不自然ではないだろう」として、歌詞の裏に永の安保闘争の体験、挫折感を読み解き、こう評価する。

「上を向いて歩こう」が世界的なヒット曲になったのは、中村八大のメロディーとアレンジが良かったからだけではなかった。永六輔の書いた詞が哀歌、エレジー（elegy）だったことによるところが大きかった。そしてそこには、坂本九のヴォーカルが不可欠であった。（略）

半世紀もの長い時間が過ぎてなお、「上を向いて歩こう」はまだ生きている。まだしっかりと歩き続けている。それは日本にも世界にも、今日も明日もこの歌を必要としている人がいるからなのかもしれない。

素直な心から生まれた歌が古くならないように、素直な心から出た言葉も決して古くはならない。

この本で佐藤は、「上を向いて歩こう」が海外でどうやってヒットしていったかを地道に追う。あとがきで「八大さんの強い意志に感応して、それまでの流行歌とは発想の根本を異にする斬新な口語体の歌詞を書いた永六輔さん、歌い手として抜擢されて世界に通用するロックンロールのビートを吹き込んだ坂本九さん、まさに『六・八・九』の三人の心と技がひとつになった、その瞬間に奇跡が起きたのです」と指摘している。
永自身は、歌詞が意味の全く違う外国語になって歌われることに抵抗感があったようだ。『上を向いて歩こう』が『スキヤキ』という名前になって世界各地でヒットし、言葉、特に日本語の無力さを痛感する」(『六輔その世界』)といったふうに。確かに外国語でも歌われたが、全米一位になったのは、坂本九が日本語で歌うレコードだった。
六二年の『アサヒグラフ』の鼎談で、最後に中村八大がこんなことを言っていた。

五十年でも百年でも残るようないいものを、僕も一生けんめいやるけど、永ちゃん、作って下さい。

それから約五〇年後、東日本大震災が起き、「上を向いて歩こう」が広く歌われたことを、永より先に逝った「八」と「九」が生きていたら喜んだに違いない。作った人、最初に歌った人が誰だったかが忘れ去られても、ずっと歌い継がれていくスタンダード曲。それが中村や永が目指したものだったのだから。

「こんにちは赤ちゃん」の幸福感

『夢であいましょう』の「今月の歌」の中から、もう一曲だけ取り上げる。一九六三年の第五回レコード大賞に選ばれた「こんにちは赤ちゃん」。六・八コンビにとって、第一回の「黒い花びら」に続く二回目の栄冠だった。

当時の評価や空気を受賞後の新聞記事から拾ってみよう。

もちろん歌そのものも出来がよかったが、この歌が大衆にアピールしたについては、NHKテレビ毎週土曜夜の「夢であいましょう」でえんえんと歌いまくられたことがきいていた。歌っているのは新人の梓みちよだが、この番組には作曲者の中村八大が毎回出てピアノをひくだけでなく、下手なご愛敬のギャグなど演じるし、この八大といわゆる〝八六〟コンビの作詞者の永六輔や、タイトルの絵かきさんなどもときおり顔を出す。ひどく気さくな和気あいあいたる仲間うちの気分があって、それがみんなで、まだマス・コミずれのしていない新人の梓みちよを、これ一曲で、スターにしてあげようとバック・アップしているんですよ、みたいなふんいきをかもし出していた。

（略）

作詞者の永六輔は、今年はテレビ作家兼タレントとして大活躍だったが、彼の最大の功績は、彼の関係する番組を、片っ端からカミシモをはぎ取って、日常的なものにもっていったことだろう。スタジオの外での交友関係をそっくりカメラの前にもち出したり、裏方さんなんかを平気でカメラの中に入れたり、楽屋での冗談のような会話を即興的に本番の中に入れたりする。ぼくらはこの仕事を愉しみながらやっているんです、ということを、ことごとにさりげなく強調する…。

（朝日新聞一九六三年一二月二九日夕刊）

この記事は歌を広めた番組『夢であいましょう』に焦点を当てているが、歌の作り方に目を向けている別の新聞記事もある。永を「ときの人」として紹介する記事だ。

永のうたは中村八大のピアノの上でできる。中村が即興のピアノをひき、永がそれにことばをのせてゆく。だから従来の歌詞用の特別仕立てのことばでなく、使いなれた日常語が流れ出す。「歩きながらうたえるうたを作ろうよ」と、鍵盤を歩調のテンポでたたきながら「上を向いて歩こう」ができた。それが大当たりした半面に「感傷的だ」と批判されると、本人は感傷や叙情を是認しているのだが、それを意識的にとり除いて「こんにちは赤ちゃん」を作った。一つ一つひっくり返してやってみる、そして何でもできるところをみせようとする外向的な現代の青年なのである。三十才になった永の世代の特質と思うのだが、彼自身は〝世代〟という感覚はないという。

（毎日新聞一九六三年一二月九日朝刊）

ちょっと誤解もあるなと思いつつ、ふむふむと読んできて、最後のところで、改めて永の若さにびっくりする。三十路に入ったところですでにレコード大賞を二回もとるなんて、作詞家としてこれ以上の成功があるだろうか。

永は結婚後、二人の娘に恵まれ、私生活も充実していた。「上を向いて歩こう」が感傷的だと批判されたから、それを意識的に取り除いたというより、六・八コンビの幸福感から生まれた歌だったといったほうが適切だろう。

その証拠に、「こんにちは赤ちゃん」には、ほほえましい裏話がある。永のことを連載した新聞記事「ジャーナリズム列伝」で私はこう書いた。

この歌はこの年6月8日、中村に長男が生まれたのをきっかけに生まれた。永によれば、一緒に産院に駆けつけた中村は緊張しきって、赤ちゃんにこうあいさつした。

「はじめまして、父親です」

それを聞いて、永は詞を贈る。「はじめまして」のあとは「私がパパだ」となっていた。それに中村が曲をつけて歌っていると、ＮＨＫのテレビ番組「夢であいましょう」のディレクター、末盛憲彦が言った。

「そのパパをママにできませんかね」

永は抵抗した。「生まれた時に『はじめまして』は父親。母親は妊娠時か、おなかで動いた時にあいさつする感覚ですよ」

意見は聞き入れられず、ママの歌になった「こんにちは赤ちゃん」は、「夢であいましょう」で7月の「今月の歌」に。

（朝日新聞二〇一一年六月六日夕刊）

この記事で「私がパパだ」と書いた部分は、オリジナルの歌詞では「ボクが親父だ」となっている（ＮＨＫ人間講座『人はなぜ歌うか　六輔流・日本音楽史』）。いずれにしても父親の歌だったのだが、母親の歌にするのに最初は抵抗感があった永自身も、すぐに「わたしがママよ」で良かったと考え直したと言っていた。

『夢であいましょう』の現存する録画には、中村がピアノを弾《ひ》き、梓みちよが「こんにちは赤ちゃん」を歌う場面がある。梓の隣で、永も恥ずかしそうに歌う。いまの私は「恥ずかしい」という永の口癖が思い浮かぶが、子ども時代に生放送を見ていたころは、いかにも照れた表情の永に親近感をおぼえたものだった。

ところで、私は永の連載記事を書いていたとき、NHKホームページの「NHKは何を伝えてきたか」の『夢であいましょう』の説明で間違いに気づいた。「『今月の歌』からは、永六輔・中村八大のコンビによる『上を向いて歩こう』『見上げてごらん夜の星を』『こんにちは赤ちゃん』などの大ヒット曲が生まれた」とあったのだ。

記事で指摘してホームページも正しく直されたが、どこが間違いかおわかりだろうか。

そう、「見上げてごらん夜の星を」の作曲は中村ではなく、いずみたくである。永が二人三脚でヒットを飛ばした、もう一人の作曲家の話に移ろう。

いずみたくとの出会い

いずみたくは、永より三年早い一九三〇年の一月二〇日に東京で生まれた。一歳下の中村八大と誕生日が同じだった。本名は、今泉隆雄《いまいずみたかお》。字は違うが、「たかお」は永の本名と同じで、「タクちゃん」と呼ばれていたのをそのままペンネームに使ったという。

中村がジャズピアニストとして脚光を浴びていた五〇年代半ば、いずみはタクシーやトラックの運転手をしながら、作曲家の芥川也寸志《あくたがわやすし》に師事していた。

いずみの著書によれば、転機は五七年の秋だった。大阪の朝日放送（ABC）が放送していた番組『ホームソング』の作曲公募でグランプリを受賞。審査員の一人だった三木鶏

いずみたくと

郎に「ボクの手伝いをしない？」と誘われた。芥川に相談すると、「三木サンは大衆的な音楽にとても素敵な才能をもっている。タクちゃんも、思い切って少しでも音楽の仕事に近づくいい機会じゃないか」と背中を押されて三木のところへ。「冗談工房」の社長だった永や専務だった野坂昭如らに出会う。

そのころの永について、いずみはこんなエピソードをユーモラスに記している。

> 新婚早々の永六輔は、中古のプジョーに乗って助手席に奥サンを残したまま、事務所の扉をあけて入ってきた。
>
> 「僕のギャラ出てる？」
>
> ジーパンにゴム草履を突っかけた、若い人気作家は、事務所の経理に声をかけた。
>
> そのころ、彼は、テレビ開局と同時に始った「光子の窓」という番組の構成者とし

て、人気が定着していた。

ボクはその人気者があまり若いのでビックリしてしまった。同時に作家には似ても似つかない特徴のあるGI刈り風の頭髪と、彼のアゴの長さにビックリしてしまった。彼のアゴの長さには伝説がある。

あのアゴはとてもはずれやすいアゴで、大きなアクビをしたり、大きな声で笑うとよくはずれるのだそうだ。ある時、フトしたはずみにアゴがはずれてしまってなんにもしゃべれない。「アワ……」と、急いで医者に行って、筆談をして、やっと治療してもらった。治療し終って、もとにもどった彼の顔を見た医者が、はじめてあいさつした。

「アー。これはこれは永六輔サンでしたか」

（いずみたく『ドレミファ交遊録』朝日新聞社、一九七〇年、八四〜八五頁）

『光子の窓』が始まったのは、一九五八年五月だ。日本テレビの開局は五三年八月だから、「テレビ開局と同時に始った」というのは筆がすべったのだろう。

当時、ラジオ東京（現TBS）が開局した五一年一二月二五日から長く続いた『チャッカリ夫人とウッカリ夫人』というラジオドラマがあった。『チャカウカ』という略称で、人気を集めた。その台本を書いていた永から「チャカウカという番組の音楽をやる気がありますか」といずみに電話がかかってきた。局に行くと、永が待っていた。

「あのね、チャカウカの番組のブリッジ（転換音楽）を全部コーラスでやりたいんです。タクちゃんを推薦しましたからよろしく」

と、ボクをディレクターに紹介したまま、自分は中古のプジョーでスイスイと帰ってしまった。

そしてその後三カ月もたたないうちに、

「僕はあの番組はつまらないからよします」

と、自分でサッサと仕事から下りてしまった。（略）

それ以来彼は、

「タクちゃん、今度この仕事をやろう」

とボクを強く誘っておいて、ボクがやっとその気になると、

「僕はケンカをしちゃったからやめます。タクちゃんはどうぞお好きなように」

と、一方的に仕事をやめてしまう永六輔のクセはいまだに直らない。


（同前、八九～九〇頁）

いずみは、永がやめたあとも『チャカウカ』の作曲を一〇年続けたという。

ミュージカルが最初の「見上げてごらん夜の星を」

「タクちゃん、ミュージカルをやろう！」

そう永から声がかかったとき、いずみは「夢ではないだろうか」と思った。もともと演劇の道を志していたからだ。そのミュージカルのタイトルは『見上げてごらん夜の星を』だった。一九六〇年のことである。

いずみは、作詞の野坂昭如と組んでCMソングを作りまくっていた時期だった。「CMソングはもちろん他の仕事をやめて、僕と一緒に生活してくれ！」と永に言われ、いずみはほかの仕事をすべて断ってミュージカルの作曲に打ち込む。

毎日毎晩、永六輔のアパートの、本が山と積まれた狭い書斎で台本を検討した。

ミュージカルといっても、二人とも初めてなので何もわからない。参考になるものは、アメリカのレコードでありLPしかなかった。（略）

ボクは既成のミュージカルのレコードも、本も資料も、すべて既成のものを無視することに定めた。

「永ちゃん。ボクは一切既成のものを調べるのはやめたよ。自分で考えて自分なりのものを作ってみたい」

ボクの本当の気持は、いろいろなレコードや楽譜を調べると、無意識のうちに影響され真似をしてしまうのではないかという恐怖感があったのだ。

他人の作曲したメロディーやリズムに影響されるのは、死にたくなるほど嫌いなボクだ。

「タクちゃん。とにかく僕たちの考えているミュージカルを作ろう。他には絶対ないやつを！」

永六輔に励まされて仕事をつづけた。（同前、一〇二〜一〇四頁）

こうして合計四三曲、「上演時間一時間半の小さなミュージカルに、溢れるような音楽が次々に」生まれたのだった。

六〇年七月、永の作・演出で、いずみが音楽を担当したミュージカル『見上げてごらん夜の星を』が大阪のフェスティバル・ホールで初演された。

いずみによれば、「五人の夜学生（定時制高校）と一人の美しい女子高校生が同じ机で勉強しながら、なぜボクたちは夜勉強するのか、なぜ私は昼間なのか、勉強とは何か、日本とは何か、と彼らと彼女は悩んでゆく」物語で、「単純なストーリーの中に明るく、甘い青春の歌が一杯つめこまれていた」。この舞台で主題歌を歌ったのは、伊藤素道《もとみち》とリリオ・リズム・エアーズだった。

「見上げてごらん夜の星を」が坂本九の歌でレコード発売されたのは、六三年五月一日である。「上を向いて歩こう」などのヒットのあとで、当時は私も新曲と思った。レコードが出る三年前にミュージカルで歌われた曲だということを知ったのは、だいぶあとになってからだ。そういう人がほとんどだったろう。

坂本は、このヒット曲でさらに人気を高め、再演されたミュージカル『見上げてごらん夜の星を』に主演した。その後も自分のコンサートでは、最初に「上を向いて歩こう」を歌い、最後に「見上げてごらん夜の星を」を歌うのが常だった。

永にとっては、この歌は明らかに六〇年安保闘争とつながっている。本人の弁。

「デモで挫折したからミュージカルをやるようになったんじゃなくて、デモのまんまミュージカルに入って行っちゃった。六〇年安保で高ぶっている姿勢をそんなに変えずにね。ミュージカルの仕事もデモに参加するのとあんまり変わっていない」

国会前で樺美智子が亡くなったのは、六〇年六月一五日。その翌月、永は大阪でミュージカル『見上げてごらん夜の星を』の初演にこぎつけている。

忘れてならないのは、このミュージカルが、四九年に設立された会員制の鑑賞団体「大阪労音（関西勤労者音楽協議会）」のために作られたという点である。

近代日本大衆音楽史が専門の輪島裕介によると、永が大阪労音にかかわるのは五九年の一〇月例会からだった。歌の作詞のほか、一一月例会では三木鶏郎のところで先輩だったキノトールとミュージカル『まずしい国のまずしい歌』を共作し、舞台監督も務めた。翌六〇年に入ると、四月例会でキノトール・三木鮎郎作『孤独な椅子』の舞台監督。『見上げてごらん夜の星を』のあとも一〇月例会の『波止場にともる灯はふたつ』で舞台監督を務め、翌六一年五月例会の『歯車の中で』（大江健三郎・案、芥川也寸志・作曲）は台本を書いた。輪島は『見上げてごらん夜の星を』をこう評する。


定時制高校に通う五人の若者と、同じ高校の全日制に通う女子高校生の、青春の悩みと淡い恋を描いたこの作品で『まずしい国のまずしい歌』や『孤独な椅子』にあった文化産業批判やシニシズムは後退し、若いタレントが演じるのにふさわしい清純かつセンチメンタルな作品になっている。（略）観念的な前衛志向が前面に出ていた労音ミュージカルのなかに、素朴ともいえる感傷性を導入し娯楽性を高めたことが、永六輔の主要な功績といえるかもしれない。

（「大阪の永六輔」『ユリイカ』永六輔特集、二〇一六年一〇月号）

労音会員の労働者のためにミュージカルをつくる仕事は永にとって、安保闘争を文化で闘う気分だったのではなかろうか。「中村八大と違って、いずみたくは共産党シンパ、六〇年安保のデモの中で打ち合わせのできる作曲家だった」（『昭和　僕の芸能私史』）から、一緒に歌や舞台をつくりながら「同志愛」を深めていったのだろう。

いずみは、永に誘われた『見上げてごらん夜の星を』で成功したのをきっかけに、ミュージカルを生涯の仕事として生きた。ところが、永はまたもや「遊芸渡世人」の本領を発揮したというか何というか。いずみは亡くなる直前の著書で嘆く。

このミュージカルの大成功で、永六輔はしらないが現在のボクがあるわけだが、不思議なことにその二年後に、彼はミュージカルの仕事を離れてしまう。ボクがいくら誘っても、二度とミュージカルの脚本を書くことも演出もしなかった。

（いずみたく『新ドレミファ交遊録』サイマル出版会、一九九二年、二五三〜二五四頁）

ミュージカルで大阪に通い詰めたころ、永が当時はやった音楽「ドドンパ」にも深くかかわったことについて簡単に触れておきたい。

ドドンパは先の輪島裕介によれば、フィリピンを起点にアジアで流行したオフビート・チャチャというリズムが、大阪の高級クラブのダンスフロアで変形したもので、その名はコンガの基本リズムの高い音（パ）と低い音（ドド）に由来するという（「大阪の永六輔」）。流行の中で渡辺マリが歌った「東京ドドンパ娘」を思い出す読者もおられよう。

永は「初のドドンパのレコードジャケットは僕がデザインした」（『昭和　僕の芸能私史』）と振り返っている。『ドドンパ禁止』というLPのことだろう。輪島は「永による『禁止』のジャケットは楽屋落ち的なネタもたっぷり含むきわめて凝ったもの」と評価する。

ミュージカルに飽き足らず、ドドンパで遊ぶ。大阪でも永は「遊芸渡世人」だった。

作詞をやめた理由

ミュージカルをやめて数年後、永は今度は「作詞をやめる」と言い出す。

なぜだろう。私は新聞連載「ジャーナリズム列伝」でこんな説明を書いた。

「決定的だったのは、自作を歌うシンガー・ソングライターが登場したことです。高石ともや、岡林信康、小室等……。詞だけ作るのは恥ずかしい、引き時だな、と」

そんなとき、「まぼろしの邪馬台国」を書いた宮崎康平を長崎県島原に訪ねた。自作の「島原の子守唄」を歌った宮崎が「次は永君が自分の歌を歌う番だ」。「恥ずかしいから」と断ると、「男は恥ずかしかこつはせんばい！」。恥ずかしさが募った。

中村八大といずみたく、コンビを組んだ2人の作曲家への複雑な思いもあった。かつて所属したビデオプロモーション社長、藤田潔との対談で、中村と行ったパリでいずみに偶然会った瞬間の気持ちを永はこう語る（藤田「テレビ快男児」）。

「女房と二人でいる時に突然、彼女と会ったのと同じことなの」「気詰まりで、気疲れで、それでやめるんですよ、作詞を」

中村もいずみも止めなかったという。もし止めていたら、続けていたのではなかろうか。すぐに怒るが、すぐ反省する。義理人情に弱い。そんな性格なのだから。


（朝日新聞二〇一一年六月一五日夕刊）


作詞をやめると決めたとき、永は最後にやっておきたいことがあった。

「誰が作ったかわからないが、いつまでも歌われる、民謡のような歌を作りたいね。誰の故郷でもすぐ歌えるような曲が生まれたら、楽しいだろうな」

いずみにそんなふうに持ちかけてスタートした「にほんのうた」シリーズだった。歌は男声コーラスグループのデューク・エイセス。全国すべての都道府県をまわって、五〇曲以上のご当地ソングを四年間で完成させる壮大な計画だった。そして、六五年から六九年にかけて、実際にそれをやりとげた。

いま入手しやすいCDは、二〇一二年に二枚組で発売された「プレミアム・ツイン・ベスト　にほんのうた〜デューク・エイセス、ふるさとを歌う」（ユニバーサルミュージック）である。全五二曲のうち、「チャウチャウ」（大阪府）と「酒はあわもり」（沖縄県）が収録されていないが、北から南へ順に五〇曲が収められているので、わかりやすい。曲名だけあげておく。

ホッファイホー／ベリョースカ〈白樺〉／ボーイズ・ビイ・アンビシャス／十和田の底に／俺とおふくろの唄／こけしの唄／紺がすり／歌おう滑ろう／我等の庄助さん／筑波山麓合唱団／もみじ追分／いい湯だな／終電車のブルース／帰ろう港へ／君の故郷は／明日の故郷／港のためいき／東京のせがれ／黒部四代／ひとり旅／THE ZEN〈座禅〉／ロッコン・ロール／みすずかる／マンボ鵜／茶、茶、茶／僕達の道を／涙は真珠／哀しい波紋／女ひとり／銀杏並木／別れた人と／奈良の鐘／岬にきました／

デューク・エイセスの４人と

風が消して行く／隠岐の鈴／手づくりの故郷／伝説の町／この橋を渡ったら／踊り疲れて／クンビーラ大権現／困るぞなモシ／うるめいわしの歌／ぼた山／初恋の人は／オランダ坂をのぼろう／肥後熊本さ／潮風の中で／フェニックス・ハネムーン／燃えろ若者／ここはどこだ

ここでまた驚かれた方が多いだろう。「筑波山麓合唱団」「女ひとり」「別れた人と」などヒット曲の多さもだが、永が言っていた「民謡のような歌」に本当になってしまった曲もある。いずみが、六本木のバーで「ドリフターズの『いい湯だな』のレコードをかけてくれ」とマスターに声をかけた二人連れの客の話を面白く書いている。

「いい湯だな、いい湯だな、――。お前知ってるか。この歌はなあ、オレは十年前から知ってるんだぞ。オレはなあ、昔からこの歌をうたっていたんだぞ」

ボクはビックリした。なにしろこの歌を作曲してから、まだ五年もたっていない。酔客がどなり声で歌っている顔を、ポカンと見つめていた。

するともう一人の方が、知ったかぶりで、「いやーこの歌はね、昔からある民謡を、永六輔といずみ・たくが、デューク・エイセスに歌わせたの。それをまたドリフターズがうたったんだよ」

どうもボクと永六輔は、民謡をどこからか盗んできたことになっているらしい。民謡の盗作では困るが、この歌はボクと永六輔の、レッキとしたオリジナル・ソングである。

しかし、大衆がすでに民謡として思いこんでいることは、とてもうれしいことだ。古代から、歌や、民謡は必ずこうした伝染経路で残っていくものだ。

（いずみたく『ドレミファ交遊録』七二頁）

世に出して五年で「民謡」の仲間入り。素朴な喜びがにじむ。永も同じ思いだったろう。若い読者のために補足すると、「いい湯だな」はＴＢＳ系の超人気番組だった『８時だョ！全員集合』（一九六九年一〇月四日〜八五年九月二八日）などでザ・ドリフターズ（いかりや長介、加藤茶、志村けんらがメンバー）が歌ったことによって、子どももみんな知っている曲として日本社会に定着していった。

「にほんのうた」シリーズは、六六年に第八回日本レコード大賞企画賞、完結した六九年には、第一一回日本レコード大賞特別賞を受けた。「黒い花びら」「こんにちは赤ちゃん」と合わせて、作詞家として仕事をした一〇年ほどで、永は四回も賞に輝いたわけだ。二人の作曲家について、こんなことを私に語った。

「中村八大、いずみたくっていう優れた作曲家と同時代に生きて、その二人にめぐりあたっていうことが大事なことです。八大さんは天才肌で、たくさんは努力家。そういう違いがありましたが、あとで考えてみると、二人が一番輝いていたときにぼくはつきあっているんですよ。作曲家として次から次にメロディーが生まれてくるっていうのは、そんなに長く続かない。八大さんから『何作っても、前に作ったなって気がしてくる。どこかで聞いたなって感じがしてくるともう作れない』って愚痴を聞いたことがあります」

二人とは「作詞をやめてからの方が仲良くなった」とも言っていた。仕事を離れてつきあうようになれば、曲づくりでの葛藤もなく、素直な友達づきあいができたのだろう。

その二人は、九二年に相次いで亡くなった。いずみは五月一一日、肝不全で。中村は六月一〇日、心不全で。まだ六二歳と六一歳だった。

永によれば、いずみは病気で見るからにやせ衰えていたが、中村の死は突然だった。長く闘ってきた糖尿病が悪化して入院。亡くなる日の昼間、永が見舞いに行って夜は舞台があると告げると「ぼくも行こうかな」。それが永が聞いた最後の言葉になった。

ほとんど二人としか歌づくりをして来なかった永が、二人との絶妙なコンビで昔のような作詞家に戻る道はここで完全に絶たれたのだった。

歌って演じて武道館

一九六九年まで「にほんのうた」に取り組んだあと、永は作詞から身を引く。そのころの心境を矢崎泰久との対談『生き方、六輔の。』でこう振り返っている。

面白くないから作詞をやめたの、すべてひっくるめて。面白かったら作詞も続けてたと思いますけどね。（略）

「この仕事をこれ以上続けてると、収入はあるだろうし、名前は出てくるだろうし。

でも、ロクなことはないぞ」っていう。

絶対、売れればどこからか足をひっぱられるからね、なるべく目立たないようにして。それでも稼いじゃうんだけど、稼がないように努力はしてるから。

（一一一、一六七頁）

六八年ごろから七〇年にかけて、永の弟だとだまして男が詐欺を働く事件も起きた。「こんな仕事をしていなければ、こんな被害者も出ないわけで」（東京新聞一九七〇年九月一〇日）と述懐している永が、有名になると「ロクなことはない」と思ったのも無理もない。ヒット曲の作詞による高収入にも抵抗感があって、「稼がないように努力」をしようとしたというのも正直な気持ちだろう。

七〇年に始めた仕事が、そうした心境を物語る。五月にＴＢＳで『土曜ワイドラジオＴｏｋｙｏ』を始め、六七年からやっていた『永六輔の誰かとどこかで』と二本柱のラジオ人生へと舵を切っていく。当時は深夜放送『パック・イン・ミュージック』のパーソナリティーもやっていたから、ラジオだけで相当の忙しさだったはずだ。一〇月には日本テレビ系の『六輔さすらいの旅・遠くへ行きたい』も始めるが、これは「テレビは自分が好きな番組だけ」で「目立たないように努力する」流れと見ていい。

誤算があったとしたら、七〇年から浅田飴のテレビCMに出たことだろう。本人が語る。

これだけたてば忘れられると思うと大間違いで、いまだに「浅田飴！」と声をかけられるのだからテレビの影響力は恐ろしい。

人々はなかなか忘れてくれないのである。

さかのぼって、僕がやったことのないCMタレントを何故ひき受けたのかを書いておくと――。

十年ほど前、音楽史の勉強をしている時に多くの本を読み、資料を探したが、その中で目を洗うような思いをしたのが『ジンタ以来《このかた》』という一冊だった。

その著者が堀内敬三。

著者自身が日本の洋楽史を生きてきた人だけに実に具体的で、この本で得た知識に、僕の資料を肉づけする形での勉強になった。

このことで、堀内敬三という人に感謝する気持が強くなり、お逢いした時に、堀内家が浅田飴の堀内伊太郎商店と知った。

そんな縁で浅田飴のコマーシャルを引き受けた。

（『せきこえのどに浅田飴』話の特集、一九七九年、一五二頁）

読者の中にも、永六輔といえばすぐに浅田飴のＣＭを思い出す方が多いのではなかろうか。私などは、あのＣＭで「芸人」のきらめきを見た気がした。

作詞を離れた七〇年代の永は、まさに「遊芸渡世人」の本領発揮の時を迎えていた。七二年、多彩な芸人をゲストに招いて構成・演出する舞台「六輔その世界」を始める。七四年には、歌手デビュー。「生きているということは」などを歌い、レコードも出した。「司会の仕事をやってるから平気だろうっていわれるけど、やっぱりあがります。だけど、歌うって気分いいことだなあ」（朝日新聞一九七四年六月一九日夕刊）とご満悦だった。

六二年の『アサヒグラフ』の鼎談で「僕、自分がうたいたい歌を作るんだ。だから、ほんとうは自分でうたいたいんだけど、八ちゃんがウンといわない」と言っていたことを思い出したい。あれから一二年、「うたいたい歌」を中村八大と一緒に作って、自分が歌い、中村がピアノで伴奏するようになったのだった。作曲は無理でも、作詞と歌手の「シンガーソングライター」をやる分には、作詞もやめていなかったのである。

七〇年代以降、永のホームグラウンドのようになったのが、六九年に開館した東京・渋谷の小劇場「渋谷ジァンジァン」だった。六・八コンビで全国をまわって開く小さなチャリティー・コンサートの輪も広がっていった。八〇年に「沖縄ジァンジァン」ができると、永の沖縄での拠点になった。
司会、歌から芝居へ。永が「今年は俳優ひと筋で行く」と役者宣言をしたのは、七五年のことだった。動機をこう語っている。

「ねらいは放送離れです。ぼくの放送界での生活も二十年になるのですが、いまの放送界にこのまま身を置いていてはまずいのではないか。そこで半年間劇団の中に入り、俳優修業をして、ひとまず放送と縁を切ろうと――」

（朝日新聞一九七五年二月一九日夕刊）

この言葉通り、五年続けた『土曜ワイドラジオＴｏｋｙｏ』をいったん降りている。「劇団の中に入り」と言っているのは、小沢昭一が主宰する「芸能座」のことだ。七四年に加藤武らと結成、七五年の旗揚げ公演『清水次郎長伝・伝』の台本を永が書き、主役級の役者として舞台に立った。
永と小沢はこのころ、野坂昭如を加えた「中年御三家」としても活動している。七四年一二月六日には、東京の日本武道館でリサイタルを開く。主催した、雑誌『話の特集』の編集長だった矢崎泰久が裏方を引き受けた。私の新聞連載「ジャーナリズム列伝」から当

「中年御三家」日本武道館コンサートのリハーサル＝大石芳野撮影

日の様子をお伝えしよう。

矢崎は赤字を心配した。ところが、前売り9600枚は売り切れ、当日券2千枚も「アッというまにさばけて、取材用の新聞記者席まで売っちゃった」。コラムニスト青木雨彦が週刊朝日でそう伝える。

録音を聞くと、3人とも実に楽しそうだ。永が「あんな高い席まで人が詰まっているのは、ビートルズ以来」と言うと、野坂が「ビートルズってどんな人？　我々に勝る歌手がいるわけない」。小沢は「えー、結構な寄り合いで」。

（朝日新聞二〇一一年六月一七日夕刊）

永は、映画にも何度も出ている。一九七七年に公開された山田典吾監督の映画『春男の翔《と》んだ空』では主演。「特殊学級の父」と呼ばれた教師、野杉春男の役を熱演した。この映画の冒頭でスイスの教育家、ペスタロッチの言葉が流れる。

「すべては他のためにし、己《おの》がために何事もなさざりき」

野杉だけでなく、永の思いにも通じていただろう。芸に遊んで世渡りしているように見せながら、誰かからの「借り」を誰かに返そうとしていたのに違いない。

六輔六語録④

日本の芸のすべてが賤民芸能である
その発生の後めたさを大切にしたい
そして差別に耐え　権威にへつらい乍ら
受けついできた芸の伝統を
どういう形で僕達が受け継ぐかを
考えなければならないと思う

（『芸人たちの芸能史　河原乞食から人間国宝まで』一三頁）

❖

芸人が芸能人や芸術家と呼ばれるようになって「芸」が少しでも良くなったか。日本の主婦が、奥様とよばれて、何が良くなったのだろう。

（『街＝父と子』一五六頁）

❖

人は必ず歌う。なぜ歌うか。それはひょっとすると、太古の昔、言葉の前に歌があったんじゃないかと思うのです。

（NHK人間講座『人はなぜ歌うか　六輔流・日本音楽史』
NHK出版、二〇〇三年、開講のことば）

❖

理屈でなく、生き方が歌になってこそ「歌の力」なのだ。

（荒井敦子と共著『歌の力　音楽療法の挑戦！』PHP研究所、二〇〇四年、二〇五頁）

❖

「遠くへ行きたい」でも、「こんにちは赤ちゃん」でも、そこらで使っているふつうの言葉でしょう。ふつうの日常会話が並んでいるだけなんです。

（大石芳野と共著『レンズとマイク』藤原書店、二〇一六年、一五二頁）

❖

不幸な時代である。

その不幸を歌で救えるかどうかもためされる時代だ。

（毎日新聞二〇〇一年一〇月一三日朝刊）

第5章

笑いのめす反戦じいさん

「世直しトリオ」と黒柳徹子

三波春夫が嫌いという人はいる。僕も最初はにっこり笑ってていいのかよっていう感じがしたんですけど。付き合って、戦争体験を語り始めたら、本当に悲惨な体験をしてるんです、あの人は。中国戦線に行き、シベリアで捕虜として抑留されて、帰されて。本当に辛い目に遭ってるのを淡々と話をしてると素敵な人なんですよ。僕は〝反戦じいさん〟と呼んでとても仲良くさせていただいたんです。

二〇〇三年九月一日、奈良市で開かれた「音楽療法講演会」での発言から（永六輔・荒井敦子『歌の力　音楽療法の挑戦！』九四〜九五頁）。

三波春夫の戦場体験に学ぶ

永が自身を「反戦じいさん」と称したわけではないが、はたから見れば、永と三波春夫は「反戦じいさん」の同志だった。永は、ほかの人の言葉に託して自分が言いたいことを語ることが多かった。一〇歳上で実際に戦場で殺し合いをし、過酷なシベリア抑留も強いられた三波が生々しい戦争体験を語ってくれるようになり、さぞ心強かったことだろう。

もっとも、晩年の永は「おじいさんをやめます」と宣言して『男のおばあさん』という本を大和書房から二冊も出したくらいだから、「反戦じいさん」でなく、「反戦ばあさん」と呼んだほうが喜ぶかもしれないけれど。

永と三波の対談を収めた本を開いて、三波の言葉に耳を傾けてみよう。

戦争のときには僕らは祖国を守る。これは大義名分ですね。ただ死ぬときは個人に返っています。死ぬときは、個人に返ってことと切れるわけで、そのときには「お母さん」です。「天皇陛下」と言った人もいなければ、「お父さん」と言った人もいない。やっぱりお母さんなんですね。ロシアの兵隊も「ママ、ママ」と言って死んでいきました。

火炎放射器を持ってわが陣地を焼こうとしたロシア兵がやってきたとき、僕はトーチカの上でこれを見ていたんです。そのころはまだ目がよかった。（笑）

火炎放射器というやつは三十メートル以上も火が飛ぶんです。たまったものじゃないですよ。あんなので陣地を焼き払われたらどうしようもない。彼らが二人、身を隠して、匍匐《ほふく》前進で近づいてくるなというのがわかったので、僕は照準を合わせて待っていたんです。そしたら木陰に伏せたのでバーンと撃ったら、一人は逆立ちして即死。

もう一人は火炎放射器を置いて逃げていっちゃいました。

（三波春夫・永六輔『言わねばならぬッ！』（NHK出版、一九九九年、八一頁）

この発言に永は「こういうのは実地体験をなさった方でなければ話せないことだと思います。逆立ちして倒れるというのは、なるほどなと思いますから」と応じている。それを受けて「ぱっと伏せたときに僕が撃ったから、本当に逆立ちするようにして倒れましたね。いやしかし、もう二度とあんな思いはしたくありませんと三波。戦場では、相手を殺さなければ、殺されてしまう。火炎放射器で味方の陣地を焼き払われる前に相手をやっつける。「二度とあんな思いはしたくありません」という言葉は重い。

三波春夫と言っても、若い人はピンと来ないかもしれない。簡単に紹介すると、もともとは浪曲師で、シベリア抑留から一九四九年に帰国後、五七年に「チャンチキおけさ」で歌謡界にデビューし、戦後日本を代表する歌手になった。六四年の東京オリンピックで「東京五輪音頭」、七〇年の大阪万博では「世界の国からこんにちは」と、日本が節目のイベントを迎えるたびに、その歌声が全国に響き渡った。「お客様は神様です」という言葉は流行語になった。本章の冒頭で永が「にっこり笑っててていいのかよ」と言っているのは、派手な着物姿で歌う「にこやかな笑顔の国民的歌手」というイメージが強かったからだ。

三波春夫と

三波と永が急接近したのは、平成の時代になってからだった。永は、四歳上の小沢昭一、三歳上の野坂昭如と一緒に戦争体験を子どもたちに伝える活動をしてきたが、三人とも戦時中は子どもで戦場を知らない。三波の体験を知って「ぜひ参加を」と声をかけたら、「やりましょう」。永のラジオ番組やコンサートなどに参加し、三波は戦争体験を語り続けた。「戦争を語り継ぎましょう」と誘った永に、今度は三波が「もう一回、詞を作りませんか」と誘う。その熱意に動かされ、永が三波のために作詞したのが、九七年七月に発表された「明日《あす》咲くつぼみに」（作曲・久米大作）だった。フォークソング調で、それまでの三波のイメージとはだいぶ違う。

想い出の　ふるさと
想い出の　人々
明日咲くつぼみよ
今日散る花びらよ

想い出の　笑顔よ
想い出の　涙よ
昨日　今日　明日
過去　現在　未来

時は還らず　世は移りゆく
いつか別れの言葉　さようなら

想い出の　あの町
想い出の　あの人
明日咲くつぼみに

今日の生命《いのち》を

永は三波に「これまでの歌のように声を張り上げるのでなく、ささやくように静かに歌ってください」と注文をつけた。「わかりました」と三波は素直に従い、懸命に歌った。二〇〇一年四月一四日、三波は前立腺がんで亡くなった。七七歳だった。その七年前、つまり「明日咲くつぼみに」を作詞する前に、がんの告知を受けていた。そのことを永が知ったのは、三波が亡くなったあとだった。こう私に話した。

「三波さんががんだと知っていたら、『今日散る花びらよ』なんて歌詞は書きません。でも、三波さんは何も言わずに淡々と歌ってくれた。実に大きな人で、戦争体験だけじゃなく、教わることが多かったの。『歌う学者』とぼくは言っていたけど、憲法だって聖徳太子の時代にまでさかのぼって『聖徳太子憲法は生きている』なんて本を書いたんだからねえ。歴史を学ばなければ、と改めて思わせてくれた人でした」

原点としての戦争体験

「歴史を学ばなければ」という思いは、永の戦後の「初心」と言っていい。

日本が戦争に負けて二十数年たったころ、毎日新聞は昭和一桁生まれの世代を「新戦後派」と名づけ、その世代の代表として「六〇年代から七〇年代への移行期に、それぞれの独自の主張を強く打ち出し、新しい時代の方法あるいは思想を領導しようとしている」人たちの戦中・戦後の体験記を本にまとめた。その中で永はこう語っている。

戦争が終わった時、歴史の先生になろうと思ったんです。だって歴史の時間がまるで違っちゃったから……神様がサルになっちゃうんだもの。だから早稲田も迷わず史学、吉永小百合の先輩になるわけです。それから芸能史に興味を持つのは、アルバイト先が芸能界だったことと、芸能界もなんとなくいじめられている世界みたいな気がしたからでしょうね。敗戦の体験っていうのは……やっぱりありがたかったなァ。

（『新戦後派』一三七～一三八頁）

「神様がサルになっちゃう」というのは、別のところで敗戦時を「天皇陛下も猿の子孫であるということになってビックリギョーテンすると同時にホッとしたのもたしかであった」（『六輔その世界』）と振り返っているように、「現人神《あらひとがみ》」と教えられた天皇が戦争に負けて「人間宣言」をしたことを指す。「アルバイト先が芸能界」というのは、ラジオにコントを投稿するところから放送・芸能の世界へ入ったことを思い出しておこう。

『新戦後派』の「はじめに」を読むと、編集部名で「おとなは信用できない、すべての物事は自分の手にとってみなければ信じられないという、世の中への疑惑と不信が、少年たちのなかに拭いがたくしみついていったとしても、それは当然であったし、全く正当なことでもあった」という指摘がある。

この世代の人たちを取材するにつれて、私も同じ感想を持った。テレビのニュースキャスターとして一時代を築いた筑紫哲也は「ぼくと同じ昭和一〇年生まれは、反骨精神が旺盛な人が多いよ。日本が戦争に敗れた年に一〇歳で、軍国主義の大人たちがころっと民主主義へ変わる姿を見て、大人の言うことをうのみにしてはいけない、自分の頭で考えていかないととんでもないことになると思ったから」と口癖のように言っていた。

ホントかなと思って、筑紫と同じ年に生まれた人を調べてみたら、なるほどと思った。赤塚不二夫、阿刀田高、大江健三郎、小澤征爾、久世光彦、倉橋由美子、倉本聰、堺屋太一、柴田翔、寺山修司、富岡多恵子、蜷川幸雄、畑正憲、水原弘、美輪明宏……。

テレビ朝日系の『朝まで生テレビ！』の司会などで知られる田原総一朗は、筑紫より一歳上で、やはり敗戦のときに「偉い人も先生も信用できない」と反抗心を持った。そんな話を私が二〇一五年に朝日新聞の連載記事で書いたら、読者の一人で元銀行マンの大久保元春から「我が意を得たり」とばかり手紙と近著が届いた。

大久保は昭和九年生まれ。その前後の昭和八年と一〇年生まれを含めて、八《は》・九《く》・一〇《とう》をもじって「白桃世代」と名づけ、この世代の活動を調査・分析してみたところ、「昭和を動かし、輝かしい足跡を築いたフロントランナーだという結論に至った」という。

著書の冒頭にはこうある。

その下地や礎石となったのは、白桃世代が生まれたころから味わった価値観や体験である。それはほとんどのすべての白桃世代に共通した価値観となり、彼らの意識や行動の中に蓄積され、人生の年輪を肥やす大地となった。

もっと端的に言えば、白桃世代の原点は、幼児期から少年期に遭遇した「戦争体験」である。戦陣訓や教育勅語から始まり、学校や目上の人から教え込まれた教え、訓示、軍事一色の世相、疎開先での苦労・葛藤、飢餓意識、物不足、空襲、避難生活、外地からの引き揚げ、両親や家族との死別など、戦時中での体験から、戦後大きく変わった大人の意識や発言、教育指導に戸惑いながら戦争体験を胸に二度と戦争を起こすまいと決意し、白桃世代に共通の価値観が支えとなって戦後の復興、再生に取り組んでいった歴史がある。

（大久保元春『輝ける昭和のフロントランナー　白桃世代』文芸社、二〇一五年、四頁）

「白桃世代」には、もちろん昭和八年生まれの永六輔も入る。先にあげた昭和一〇年以外を私が調べたら、ざっとこんな顔ぶれだ（順不同、早生まれ含む）。

昭和八年生まれ＝今上天皇、黒柳徹子、藤本義一、伊丹十三、天野祐吉、森村誠一、浅利慶太、吉田喜重、平幹二朗、ペギー葉山、菅原文太、草笛光子、若尾文子、渡辺淳一、藤田まこと、財津一郎、山谷初男、藤子・F・不二雄、針すなお

昭和九年生まれ＝皇后美智子、大橋巨泉、愛川欽也、井上ひさし、山田太一、山崎正和、藤村有弘、牧伸二、池田満寿夫、筒井康隆、中村メイコ、財津一郎、宇能鴻一郎、佐江衆一、灰谷健次郎、小中陽太郎、石原裕次郎、坂上二郎、藤子不二雄Ⓐ、横山光輝

黒柳徹子、大橋巨泉、愛川欽也、井上ひさしら、永と親しかった人も多いことがわかる。矢崎泰久や、永が作詞した曲を歌った「デューク・エイセス」の谷道夫らも、同世代だ。

永のように史学を志した人も少なくない。近現代史の研究で足跡を残した三人がすぐに思い浮かぶ。「安丸思想史」として知られた安丸良夫、『昭和の記憶を掘り起こす――沖縄、満州、ヒロシマ、ナガサキの極限状況』（小学館）や『戦後史』（岩波新書）などの著書で、戦争・戦後にこだわり続けた中村政則。そして、永と同じ年に生まれて学童疎開を経験し、同じ早稲田大学を出て母校の教授になった由井正臣もまた、『軍部と民衆統合　日清戦争

から満州事変期まで』（岩波書店）などで、戦争の実像を掘り起こす仕事を続け、平和憲法を守る「九条科学者の会」の呼びかけ人も務めた。

こうした「反戦じいさん」だらけの世代の一人として、永は自分なりのやり方で「戦争はもう二度といやだ」という思いを語り続けたということになる。

仲間たちとともに

「反戦じいさん」たちは、それぞれの戦争体験を土台に戦後を生きた。その中で永の持ち味は、正面から反戦運動をするのではなく、放送や活字という武器を巧みに使い、多彩な変化球を駆使して「笑いのめす」ような手法で闘った点にあると思う。

しかも、いつも決して一人ではなく、仲間がいた。例えばラジオ番組でも、『永六輔の誰かとどこかで』は遠藤泰子という名捕手に向かって言葉のボールを投げ続けた。『土曜ワイドラジオTOKYO』では毎回、「同志」をゲストに呼んで、その人なりの体験や思いを語ってもらった。

その原点はやはり、『日曜娯楽版』の三木鶏郎とその仲間たちに鍛えられた青春時代にあったのではないだろうか。

三木は八〇歳になったころ、自身の反骨精神を生んだものを「学生時代、仏文だったおかげかな、〝自由〟の大切さを学んだ。大正デモクラシー世代で弁護士だったおやじの影響もあるだろう。でも、一番は軍隊生活のひどさですよ。あんな時代に二度としちゃいかん、という気持ちは強かったから」（朝日新聞一九九四年六月七日夕刊）と振り返った。永にとって三木は「反戦じいさん」の先達でもあったのである。

軍隊は持たないはずだった戦後、自衛隊が出てきたときに永が「いない、いない、ばァッ！　自衛隊」というコントで風刺した話は第2章で紹介した。三木は「冗談は社会のブレーキの役割をする」と言い、丸山鉄雄は「笑いは社会の按摩みたいなものだ」と明快だった。笑い（冗談）と言葉の力で闘う。二人から永が学んだものは大きかった。

三木や丸山に出会う前に、父親の忠順の影響も見逃せない。永の著書『六輔その世界』（話の特集、一九七二年）の昭和一六年の項にこんなくだりがある。

八歳。太平洋戦争を伝えるニュースを聞いた親父が吐きすてるように「東條の馬鹿めッ」といったことを忘れられない。

親父はその日の朝、不気嫌に布団をたたみ、ブツブツいいながら押入れに運んだ。

戦争に負けるまで、親父のこの言葉の意味がわからなかった。

あの一言が憲兵にでも知れたら銃殺になるのではないかとビクビクした。（一三頁）

父もまた「反戦じいさん」の一人だったわけである。病弱な永が学校を休みがちだったことを「軍国主義教育を受けるくらいなら、学校に行かない方がいい」と受け止めていたような父親を持ったことが、永六輔の原点中の原点と言えるだろう。

大人になった永が、正面からの反戦運動に参加しなかったわけではない。一九五八年に警察官職務執行法への反対運動から始まり、安保反対運動につながった「若い日本の会」という文化人の運動体があった。石原慎太郎、大江健三郎、谷川俊太郎といったメンバーの中に、永もいた。

六〇年安保に反対するデモに参加してテレビ番組『光子の窓』の構成作家を降板したことも第3章で書いた通りだが、その後のベトナム戦争に反対する「ベ平連（ベトナムに平和を!市民連合）」にも永は参加した。

永を長く撮ってきた写真家の大石芳野との対談で、こう話す。

ベ平連の母体になるのが、「新しい日本の会」（若い日本の会＝筆者注）だった。（略）そのへんから絡みはじめて、ベ平連の中にいたんです。それで僕はそこから落ちこぼれていく。ベ平連くずれなんです。あの時期と、僕が放送にかかわる時期が重なっているんです。あの時期、デモに行くか、スタジオに行くかという板挟みになった。それでデモをやめてスタジオへ行くようになるんです。

（永六輔・大石芳野『レンズとマイク』一〇二～一〇三頁）

六〇年安保ではデモを優先した永が、ベトナム戦争ではスタジオを優先したということになるが、実際はどうだったか。一九六七（昭和四二）年二月四日、東京・有楽町の数寄屋橋公園で「ワシントン・ポストにベトナム反戦広告を出そう」と呼びかける永の写真を私は朝日新聞社内で見つけた。ベ平連の機関紙『ベ平連ニュース』にはこんな記事が出ている。

去る二月四日、数寄屋橋公園で土曜日の午後の一時間、呼びかけ人の永六輔さん、いずみたくさん、鶴見俊輔さんらとそれに小中さつきちゃんという七ヶ月の赤チャンまで加わり、街頭募金を行ないました。早朝の雪も解けて、小春日和の日でしたが、やはり冬の日は肌寒く、すっかり寝てしまった募金状態を示すグラフを何んとか立たせたい一心で声をかぎりに呼びかけました。このためにわざわざ大阪から帰ってきて、終り次第また大阪にかけつける永さん、忙しいなかを時間前にかけつけてくれたいずみさんの顔はさすがに通行の人々も知っているとみえ、「永六輔です。五円でも十円でもいいですから、こまかいお金をみんないれて下さい！」の叫び声に、一時の数寄屋橋は何事かと思うほどに人の群ができました。（略）集まったお金が一万三千円あまり、数寄屋橋で行なわれた一時間の募金では記録的な額だったそうです。

（『べ平連ニュース』一九六七年三月一日）

「殺すな」という大きな日本語の毛筆書きの下に、「STOP THE KILLING! STOP THE VIETNAM WAR!」。ワシントン・ポスト紙に掲載された全面広告は反響を呼んだ。その後、六九年五月一日の『べ平連ニュース』には、「ゴメンナサイ」という永の投稿が載っている。「いつも雑事に追われていてお手伝い出来ないことを肩身せまく思っております」。このころは仕事で手いっぱいになっていたのかもしれないが、歌作りの同志でもあったいずみたちとともに反戦運動に積極的に加わったこともまた事実なのである。

いずみといえば、永が「反戦漫画家」と呼んでいた人のことを思い出す。「アンパンマン」の産みの親、やなせたかし（一九一九〜二〇一三年）である。いずみが音楽を担当した一九六〇年の大阪労音ミュージカル『見上げてごらん夜の星を』の舞台装置を永に頼まれて以来の縁で、いずみが作曲した「手のひらを太陽に」の作詞でも知られている。

やなせは軍隊経験もあり、著書にこう書く。

> 一度でも戦争を体験した人は、全員心の底から反戦主義者になると思います。戦争は狂気です。なんでもない普通の温厚な人物が狂ってしまう。隠れていた獣性が剝《む》きだしになる。
> （『人生なんて夢だけど』フレーベル館、二〇〇五年、九四頁）

一九九九年一月一一日、永はNHKテレビ『視点・論点』に出演し、「昭和一桁生まれとして」というタイトルで珍しく直球を投げ込むかのように熱く語った。正月に野坂昭如に呼ばれ、「子どもは子どもとして戦争体験を受け止めたんだから、いまの子どもたちに伝えていこう」と言われたと枕にふって、こんなことを話した。

> 「戦争を経験してない世代の中から戦争を正当化する、あの戦争はりっぱな戦争だったんだと言ったり書いたりした本が売れたりする。これはやっぱり違うと思います」「子どもなりに、戦争ってどんなにつらかったか、戦争ってどんなにむなしいものなのか、思い起こして伝えていきたい」「戦争ってものをどこかで美しくされている、そのことがとても危険だと思います」

「野坂さんが、とにかく戦争とかかわるのをよそう、戦争を支持することはよそうよと」「今年からはそれをしたいから一緒にやろうよと。とりあえず三人で『世直しトリオ』で歌ったり語ったりしていこうと」

このとき永は六五歳、野坂は六八歳。残りの人生がそう長くはないことを思い、これまで以上にきちんと戦争体験を語り継ぐという決意表明をしたのだろう。

野坂は、幼い妹を飢え死にさせた戦争体験から小説『火垂《ほた》るの墓』を書いた作家として知られる。「世直しトリオ」のもう一人は、永より一歳上で同時期に長野県小諸に疎開していた作曲家の小林亜星。三人は九五年、日本音楽著作権協会（JASRAC）の運営に反発して結成した「JASRAC会員の信託財産を守る会」の同志でもあった。

三人はライブを開き、歌やトークの企画に「ついでに選挙に行こう」「投票しないと世の中、何も変わらない」といったメッセージを混ぜた。笑いや冗談を武器にするスタイルは永の発案だったことが、世直しトリオの共著『世なおし直訴状』（文藝春秋、二〇〇一年）の最後に桜井順が書いた「『世なおしトリオ』の舞台ウラ」でわかる。

ここで永さんが。正義ハワレニアルけれど、怒るだけではカラダにもワルイ。ここはひとつウタでも歌いながらヤツラを笑いノメし、タタキノメして行こうとヨユウの提案。J―SCAT（JASRACを監視する団体＝引用者注）の活動資金もカセギ出さねばならず、ここにウタとトークの「世直しトリオ」誕生となります。

（二二二～二二三頁）

桜井順は、三木鶏郎のもとにいた作曲家で、永が作詞したNHKテレビドラマ『若い季節』（一九六一～六四年）の主題歌（歌手はザ・ピーナッツ）でコンビを組んだ仲である。この番組は黒柳徹子の主演で、三木のり平、渥美清、坂本九といった永六輔の仲間たちが出ていて、同時期の『夢であいましょう』とともに私の記憶に残る。

「弱者の応援団長」として

永が亡くなった翌年の二〇一七年四月三〇日、朝日新聞で久しぶりに「永六輔」の名にぶつかった。歴史学者で京都大学名誉教授の山室信一が「憲法施行70年　世代を越えて繋がる思想水脈」という文章で、こう書いているのだった。

「笑いのめす」精神で憲法の意義を生活に生かそうとしたのが、井上ひさし・永六輔・小沢昭一らであり、憲法9条と天皇や公務員の憲法尊重義務を定めた99条の重要性を強調した『この日、集合。』は、自民党改憲草案の問題点を予見していて驚かされる。

「あ、そうだったな」と思い、『この日、集合。』を本棚から引っ張り出してみる。現憲法の制定から六〇年に当たる二〇〇六年五月三日、東京・新宿の紀伊國屋ホールで開かれた集会の記録だ。矢崎泰久の企画で、井上、小沢と交互にマイクを握った永はこう語る。

僕は「憲法九条を守る会」に入っていますが、第九九条を守ればいいんです。第九九条をちょっと読みます。

「第九九条、天皇又は摂政及び国務大臣、国会議員、裁判官その他の公務員は、この憲法を尊重し擁護する義務を負ふ」

守らなきゃいけないと書いてあるので、これを守れば憲法全文が守られる。つまり、この第九九条を守らなきゃいけないんですが、現実は国務大臣が改憲云々と言っている。国会議員もそうです。裁判官も憲法に反することをやっていたりする。公務員もまさにそうです。そうすると、この条文の中でいま現実に九九条を守ってくださっているのは天皇だけです。天皇は靖国神社へ行きません。「日の丸・君が代」を強制しないように注意しています。アジアに行けば謝罪しています。

（井上ひさし・永六輔・小沢昭一・矢崎泰久『この日、集合。』週刊金曜日、二〇〇六年、二九頁）

山室が指摘する通り、大臣や国会議員が憲法九九条を守れば憲法全体が守られるという論旨はわかりやすく、確かに「自民党改憲草案の問題点を予見」している。かつてラジオの深夜放送で憲法全文を朗読したこともある永は、憲法にも詳しかった。

ここで私が目を向けておきたいのは、永が闘いのタッグを組む相手は自由自在に変わり、テーマも多彩だったという点である。

武道館リサイタルまでやった「中年御三家」の仲間は野坂と小沢で、「世直しトリオ」は野坂と小林。「この日、集合。」には、芝居の台本が締め切り間際なのに井上が駆けつけた。裏で仕切るのは矢崎。同世代の仲間たちとの緩《ゆる》やかな共闘が永の持ち味だった。

テーマも「反戦」や「護憲」だけでなく、例えば一九七〇年代なかばに永が夢中になった「尺貫法の復権をめざす運動」はご存じの方が多いだろう。長さを尺、質量を貫で数える尺貫法は五八年に廃止され、メートルやグラムを使うことになった。それで困ったのが、曲尺《かねじゃく》や鯨尺《くじらじゃく》で仕事をしてきた職人たち。話を聞いて永は、自分のラジオ番組や講演でそのおかしさを語り続けた。ここでも「友だちネットワーク」が強い支えになっている。

七六年末に公開された映画『男はつらいよ　寅次郎純情詩集』で、渥美清が演じる主役の寅さんが東京の根津神社で啖呵売《たんかばい》をするシーンがある。

「一流デパート、赤木屋、黒木屋、白木屋さんで、紅おしろいつけたおねえちゃんに下さいちょうだいと言っても、売っていないのが、この日本古来の鯨尺だ」

そこへ警官がやってきた。寅さんは警官に向かってしゃべり続ける。

「あなたがお召しのお洋服を作るにもこれがなければできない。ともかく日本の職人さん、これがなきゃ始まらない」

この警官を演じているのは、永だった。「渥美さんが『永さんがやってる運動、手伝うよ』って言ってくれて、映画にも出演した」と私に言っていた。戦後の焼け跡で拾った金属をお金に換えた少年時代からの友情が生きたわけだ。

劇団「芸能座」を主宰する小沢は、永を主役にして尺貫法復権を訴える新作劇を全国で上演し、会場で曲尺・鯨尺を売った。そうした動きを無視できなくなった政府の計量行政審議会の専門部会は七七年九月一六日、曲尺・鯨尺の製造や販売を認めることを決めた。

この運動は、永が様々なボランティア活動に打ち込むきっかけにもなった。


　このあたりから弱者の応援団として、どんな運動にもかかわっていくようになる。障害者の施設、過疎の村おこし、老人問題などなど……。

　身近な先達に秋山ちえ子さんがいて、いろいろ相談にのってくれるようになり、手話や点字も少しずつ勉強を始めることになった。

（『昭和　僕の芸能私史』二四五頁）


評論家の秋山ちえ子は一九一七年生まれで、「永さんは息子のようだ」と私に言っていた。三七年、ろう学校の教師をしていたときにラジオで童話の朗読を始め、戦後もラジオを中心に活躍。二〇〇二年に放送が終わったTBSラジオの『秋山ちえ子の談話室』は一万二五一二回に達し、永の『誰かとどこかで』に抜かれるまで長寿記録を保った。

秋山は「反戦ばあさん」だった。毎年八月一五日になるとTBSのラジオスタジオにやってきて、童話『かわいそうなぞう』を朗読していた姿を思い出す。戦争末期の上野動物

秋山ちえ子と

園で、空襲でおりが壊れて街に逃げ出さないようにと動物たちが殺された物語だ。「ラジオがある時代に生まれて良かった。二度と戦争をしちゃいけないってラジオで語り続けます」。そんな声が今なお耳に響く。

永は、秋山が村長を務めた障害者の共同作業施設「いきいき牧場」（岩手県）の応援団長も買って出て、一緒に現地へ通っていた。秋山が九九歳で亡くなったのは、二〇一六年四月六日。永が亡くなる三カ月前のことだった。

沖縄へのこだわり

永が足しげく沖縄に通ったことはよく知られている。

例えば一九八二（昭和五七）年六月二三日、その三七年前に沖縄戦が終わった慰霊の日に、那覇市の小劇場「沖縄ジァンジァン」で、おすぎとピーコと一緒に「おばさんトリオ・イン・沖縄」という催しを開いたときの三人のトークが月刊誌『広告批評』に掲載されている。

「おばさんトリオ」としては四回目の出演だった。言葉を補いながら、一部を要約して再録すると。

ピーコ　（ムーンビーチで）ニキビだらけの男のコたちが十二時になったら同じ方向を向いてジーッと手を合わせてるの。十人くらいが一緒に。考えたら「慰霊の日」だったんですよね。

永　（旅人として）来たら、たまたま「慰霊の日」だった。来て初めて、沖縄戦が終わった日だったということを知るわけだよね。で、黙禱していた若いグループがいたというのは、旅人には実に新鮮になおかつ感動的に伝わってくるわけだけど、それと同時に、それと無関係に遊んでいる人たちもいっぱいいるわけでしょ。

ピーコ　そう、無関係。みんな無関係に遊んでる。私なんかもおすぎなんかも、無関係にただ焼いて、この人なんてもうまるでマグロの照り焼。（笑）

おすぎ　ただ私はちょっと違うの。十二時、あ、黙禱しなきゃってピーコは言ったけど、いいの、私は。頭の中でやってんだから。なにも全部が全部、同じように手を合わせることないじゃない。

（『広告批評』一九八二年八月号、二六～二七頁）

このあと、鼎談は公開中だった映画『ひめゆりの塔』の話題に移る。「沖縄の戦争は『ひめゆり部隊』だけで代表されてはいけない」といった話をしたあと、この鼎談の「六輔後白」に永はこんなことを書いている。

あの六月二十三日、
牛島司令長官は、自決する前に、大本営に最後の打電をする。
そこに「日本軍は、沖縄県民に大きな借りをつくった。後の時代に必ず返してくれるように」という文章がある。
われわれ、そして、日本政府は、この電文に応えていない。　（同前、三二頁）

永がこのように指摘したあとも、いまだに日本政府は「応えていない」どころか、沖縄の民意を踏みにじるかのように普天間飛行場の辺野古移転を強行しようとしている。
先の鼎談の「前白」で、永は「沖縄では三十三回忌で死者と別れるが、今度の戦争の死者はいつまでも、この島にとどまっているのだ」と書く。これを読んで私は、作曲・いずみたく、作詞・永六輔の歌が聞こえてくる気がした。

いずみたくと作った「にほんのうた」シリーズで一番好きな曲は？　私は永にそう聞いたことがある。「沖縄の歌」（曲名「ここはどこだ」）とすぐに答えが返ってきた。こんな歌詞だ。

ここは　どこだ　いまは　いつだ
なみだは　かわいたのか
ここは　どこだ　いまは　いつだ
いくさは　おわったのか

ここは　どこだ　きみは　だれだ
なかまは　どこへいった
ここは　どこだ　きみは　だれだ
にほんは　どこへいった

流された血を
美くしい波が洗っても

僕達の島は
それを忘れない
散ったヒメ百合を忘れはしない
君の足元で歌いつづける

ここは　どこだ　いまは　いつだ
いくさはおわったのか
ここは　どこだ　きみは　だれだ
にほんは　どこへいった……

「戦争の死者はいつまでも、この島にとどまっている」という思いを歌詞にしたのが、この曲だったのに違いない。作って半世紀たっても古びた感じがしないのは、曲に力があるからでもあるが、何より沖縄の基地問題の現実が変わっていないからこそのリアリティーだろう。「いい湯だな」「女ひとり」など名曲ぞろいの「にほんのうた」シリーズの中に、明らかな反戦歌を、ほかならぬ沖縄で、反戦闘争の同志のいずみたくと一緒に作って後世に残そうとした。永六輔の強い遺志をしっかりと受け止めたい。

思いを受け継ぐ徹子さん

永をはじめ、小沢昭一、野坂昭如、三波春夫ら、戦争反対を訴え続けた男たちが他界したあと、思いを受け継いで「平和の大切さを私が語らなくては」と思っている女性がいる。永の生涯の友で同い年の女優、黒柳徹子である。永が亡くなった直後、青森県に住んでいた私は、久々に上京して黒柳を訪ね、戦時中の疎開体験や平和への思いを聞いた。朝日新聞青森総局の若い女性記者二人が八月一五日を前に女性の戦争体験をつづる「彼女の『戦争』」という連載を始めるというので、そのプロローグとしてこんな記事を私は書いた。ややや長いが、そのまま紹介しよう。

女優の黒柳徹子さんと電話で話していたら、こんなことをおっしゃる。「私の故郷は青森県三戸郡の諏訪ノ平。そう決めています」

ベストセラーの「窓ぎわのトットちゃん」でもわかるように、黒柳さんは東京生まれの東京育ち。その本の最後にこうある。

「トットちゃんは、満員の疎開列車の中で、大人にはさまれながら、寝ていた」

列車が向かっていたのが諏訪ノ平（現南部町）なのだった。「徹子の部屋」のスタジオを訪ね、当時のことを聞いた。

＊

疎開のきっかけは1945年3月10日、米軍の東京大空襲だったという。黒柳さんが11歳のときだ。

その数年前、母の実家がある北海道から帰る汽車で隣に座ったのが、諏訪ノ平で農業を営む沼畑周次郎さんだった。「あの木は何の木？」。窓の外を見ていた黒柳さんが声をあげると、「リンゴの木だよ」。「リンゴ好きかい？」「大好き！」「じゃ、送るから」

リンゴが届き、手紙のやりとりから、沼畑さんの息子が黒柳家に下宿するまでになった。こうして疎開先が決まったのだった。

戦争中の食糧難で、当時の黒柳さんは1日に大豆15粒しか食べていなかったそうだ。栄養失調が原因で全身におできができ、手足の爪の間が化膿《かのう》した、と振り返る。

「お医者さんもいないんですから、すごく痛いのを我慢するしかないし、自分で治すしかありません。八戸のお魚のおかげで助かりました」

諏訪ノ平でとれた果物や野菜をかついで母と八戸港へ行き、魚と物々交換。煮魚を食べ始めて約10日で完治したという。

こんなこともあった。里帰りした北海道から青函連絡船で青森駅に着いたが、諏訪ノ平まで行く汽車は翌朝までない。駅で一晩過ごそうと言う母に、黒柳さんは八戸までしか行かない汽車の乗降口の取っ手につかまって「これに乗る！」とだだをこねた。

「虫の知らせというんですか。母も仕方なく乗り、夜遅く八戸に着きました。あとになって青森が空襲を受けたとわかりました。あのまま一夜を明かしてたら、私たちはこの世にいなかったかもしれません」

＊

黒柳さんの父、守綱さんは、新交響楽団（ＮＨＫ交響楽団の前身）の首席バイオリン奏者だった。召集で中国戦線へ出征、音信が途絶えた。シベリアに抑留され、49年末に帰国した。

「親と離れ、安否もわからない心細さ。まともな食糧もない空腹感。子どもを不幸にする戦争は二度としてはいけません」

黒柳さんは国連児童基金（ユニセフ）の親善大使として毎年、アフリカやアジアで戦禍や飢餓に苦しむ子どもたちを訪ねる。

「両親とも失った子、レイプされた子。家が貧しくて、お金ほしさに兵士になった女の子もいます」

その姿は自身の少女時代に重なる。東京にいたころ、ほうびにもらうスルメほしさで出征兵士に日章旗を振った苦い記憶。「兵士が戦死したら、責任の一端は私にもある。あのスルメが私の戦争責任だと考えるようになりました」

そんな思いをテレビで語ったら、元兵士から「(戦争への)恨みつらみが、スッと消えていくのを感じた」と手紙が来た。「テレビの仕事をしていて良かった」と感じた瞬間だった。

黒柳さんはテレビ女優第1号。米NBCプロデューサーの「テレビは永久の平和に寄与できる」という言葉が支えになったという。

15日、「徹子の部屋」のゲストは漫画家の松本零士さん(78)だ。疎開体験を持ち、父は元陸軍パイロット。戦争について語り合うことになるだろう。

「私より年長で戦争を体験された方はほとんど亡くなられました。私、自分の体験と平和の大切さを語らないといけなくて忙しくなったけど、そういう宿命なんだと思っています」

(朝日新聞二〇一六年八月一二日青森版)

黒柳はこの記事が出る直前、やはり「白桃世代」の田原総一朗との共著『トットちゃんとソウくんの戦争』(講談社)を書いた。戦時中に食べて「あれはひどかったなぁ」とため息が出そうになるという「海藻麺」のことを永に話したエピソードなどを紹介しながら、「戦争というものの底知れぬ恐ろしさ」をつづり、テレビで戦争をテーマに取り上げて「命のたいせつさを伝えたい」と書いている。

松本零士を『徹子の部屋』に呼んでから一年後の終戦記念日、二〇一七年八月一五日のゲストは、沢田サタだった。ベトナム戦争の現場を撮り続け、川を渡って逃げる母や子の表情をとらえた「安全への逃避」でピューリッツァー賞を受けたカメラマン、沢田《さわだ》教一《きよういち》の妻である。夫が三四歳で戦場に散ったあと、故郷の青森で暮らし、九二歳になった。

番組の冒頭で「青森、懐かしいです」と黒柳が言うと、「三戸にね」とサタ。つらい戦争を生き抜いた者ならではの共感が二人の間に流れたかのようだった。ベトナム戦争の話に移る。サタが「沢田は風景や子どもを撮りたいと言っていた」と語り、「戦争って、絶対良くないですよね」と言うと、「ホントに良くないと思いますよねえ」と黒柳。そんな会話を聞きながら、私はベ平連で反戦運動をした当時の永の顔が思い浮かんだ。

『徹子の部屋』を九〇歳までは続けたいという黒柳。「死者を覚えている人がいる限り、その人の心の中で生き続けている」と永が言っていたことを忘れず、「反戦じいさん」たちと共有する「戦争はいやだ」という思いを今後も映像で伝え、語り続けていくことだろう。

六輔六語録❺

「戦争に行くことになるぞ」という改正に、若い人が賛成票を投じている。自分で自分のクビを絞めているということがわからないのだろうか。ここが危険だと思う。子どもたちや若者たちが、自分のいま立っている場所、進む方向をわかって生きていないのではないか、そんな気がしてならない。

（『現代用語の基礎知識』二〇〇六年版巻頭随筆、一七年版に再録）

❖

戦争になれば、男も大変だが、女が受けるトバッチリがどんなものなのかをよく考えてほしい。

（『変だと思いませんか？』ＰＨＰ文庫、一九八八年、一八二〜一八三頁）

❖

百歳で現役だった新内の岡本文弥さん、文弥さんが戦争について言う言葉がとても好きです。

「戦争はいけません。あれは散らかりますから」。ほんとうに散らかります。

もうひとつ「戦争はいけません。親孝行ができなくなりますから」

たしかにできません。このふたつの言葉を思い出しました。

（崎南海子と共著『永六輔の誰かとどこかで　七円の唄』TBSサービス、二〇一一年、一八一頁）

❖

夏になると、広島、長崎といった順で反戦意識を確認するが、当然「沖縄・広島・長崎」でなければいけない。

われわれは原爆に反対しているだけではなくて、戦争に反対しているのだ。

（『冗談ばっかり』講談社文庫、一九八四年、六頁）

❖

いじめ自体は悪いことではないんです。（略）強い相手をいじめることはいいことなんです。（略）では悪いのはなにか。それは「いじめ」ではなく「弱い者いじめ」なんです。（略）上級生が下級生をいじめる。健常者が障害者をいじめる。ある民族が違う民族をいじめる。いろいろあります。（略）弱い者いじめは絶対にしてはいけない。

（『学校ごっこ』九七〜九八頁）

❖

もちろん反戦歌というジャンルはあるし、戦争はいやだなという思いを歌に託す気持ちもあります。けれども、それが効力を発揮して、起こるはずの戦争を本当に食い止めたという歌はあるのでしょうか。そういう歌をわれわれはつくれるのでしょうか。

（『人はなぜ歌うか　六輔流・日本音楽史』ＮＨＫ出版、二〇〇三年、九七頁）

第6章 世間師としてのジャーナリスト

臨時災害FM局「りんごラジオ」に筆者と出演＝2011年9月12日

いまの放送ジャーナリズムは、視聴者うけをねらって、あまりにおもねりすぎてると思うのです。〝ヤングの諸君、こんにちは〟なんて調子いいことというけれど、そこには本心から仲間に話しかけるという姿勢はない。もみ手をしておもねっている放送局と、おもねられて喜んでいる視聴者との関係こそ問題だという気がする。

永六輔は自身を「ジャーナリスト」とは呼ばなかった。しかし、この発言（朝日新聞一九七五年二月一九日夕刊）を読むと、放送を「ジャーナリズム」と認識し、視聴者との「関係」のありように疑問を持っていたことがわかる。

永の人生、中でも放送や活字メディアでの仕事を振り返れば、永は人と人との関係（コミュニケーション）を大事にする優れたジャーナリストだったと私は思う。

「りんごラジオ」のスタジオで

二〇一一年三月一一日一四時四六分、宮城県沖を震源とする東日本大震災が起きた。太平洋岸の地域を襲う津波、そして東京電力福島第一原子力発電所の事故。テレビが繰り返し流した映像は、今なお記憶に生々しい。

その発生直後から私は被災地を歩き、とりわけ宮城県山元町で震災後に開局した臨時災害FM局「りんごラジオ」の取材に通い詰めた。パーキンソン病を公表していた永の体調が良さそうなときを見計らって「一緒に行きませんか?」と声をかけてみたら、「うん、行きたい！」と二つ返事だった。

震災からほぼ半年後と一年後の二回、私は永と現地へ行き、りんごラジオにそろって出演した。二回目は震災からちょうど一年がたった二〇一二年三月一一日。永と親しい俳人の黒田杏子《ももこ》も東京から同行し、話は盛り上がった。

司会は、りんごラジオを立ち上げた元東北放送アナウンサーの高橋厚。永と高橋の思いが共鳴して聞こえた瞬間があった。永はこう言った。

「被災者のいろんな言葉を聞いてますけど、被災者の言葉の中で、聞くのが一番いやだっていうか、つらいのはね、『死んじゃえば良かった』『どうして私が生きてるんだろ』っていう言葉。あれはつらい言葉ですね。気持ちはわかるけど……」

語りながら、涙声になった。大事な子や親を亡くして、なぜ生き残ったのか。自分を責める被災者を前にして何も言えず、ただ涙するしかない。「私もよく泣くんですよ」と高橋。自分が住んでいる山元町の町民全員の声を集めようと連日、町内を歩いていた。被災者の話を聴きながら、高橋は涙が止まらなくなる日々だった。

朝日新聞の連載「ジャーナリズム列伝」で、私は二〇一一年六月に永のことを書き、八月に高橋のことを書いた。一〇月からは同じ欄で「原発とメディア」という長期連載が始まり、私もその取材班に移ったから、「ジャーナリズム列伝」で取り上げたのは結局、永と高橋の二人だけということになった。

連載全体のプロローグ『「原点」を見つめたい』を私は高橋の話から始めた。


なぜいま「ジャーナリズム列伝」か。東日本大震災の被災地から語り始めたい。

死者が500人を超えた宮城県山元町。役場の片隅で21日、臨時災害放送局「りんごラジオ」が産声をあげた。「あ、東北放送のアッチャマンだ」。落ち着いた低い声に、そう気づいた人もいたようだ。

ラジオDJやテレビのニュースキャスターとして人気があった元東北放送アナウンサー、高橋厚さん(68)。報道局長などを務めて8年前に定年を迎え、「里山で暮らしたい」と仙台から山元町に移り住んだ。

「こんな形でかつての仕事が生きるなんて。小さな放送局でも、住民に身近な生活情報の力は大きいと日々実感しますね」

役場屋上のアンテナが折れて防災無線は使えず、広報車2台は職員もろとも津波にさらわれた。電話は通じない、テレビは町のことを伝えない。極端な情報不足の中で町民に欠かせない存在になった。

放送経験者はほかにいない。妻の真理子さん（61）ら、高橋さんが指導する朗読の会の人たちが中心だ。隣の亘理町でも、会員の吉田圭さん（50）たちが24日に開局した「FMあおぞら」の放送を続けている。

ジャーナリズムって何？　高橋さんはいま、そんな「原点」を考えるという。「権力を監視し、冷静に批判するといった基本は大事。でも、その精神が今の時代の人々に通じているのか。もっと近寄って時には一緒に涙を流す。応援歌のようなジャーナリズムもあっていいのでは」

林香里《かおり》・東京大教授（47）が近著「〈オンナ・コドモ〉のジャーナリズム」（岩波書店）で論じる「ケアのジャーナリズム」に近い。林さんは言う。「日本には、ケアのジャーナリズムの豊かな土壌がある。海外ではジャーナリストの範疇《はんちゅう》に入らない。でも立派な人が日本にはたくさんいます」

誰もが発信できる時代、「日本ジャーナリスト教育センター」（藤代裕之代表）のように、情報発信者を「ジャーナリスト」ととらえ、育てていく動きもある。

普通はジャーナリストと呼ばれない人を含め、その仕事や生き方に目を向けてみたい。原点を見つめることが将来につながると信じて。

（朝日新聞二〇一一年三月三一日夕刊）

いささか舌足らずながら、この文章に永を「ジャーナリスト」と呼びたい理由も込めたつもりだった。藤代裕之にはまたあとで登場いただくとして、林香里が言う「ケアのジャーナリズム」について説明を加えておこう。

林は著書『〈オンナ・コドモ〉のジャーナリズム——ケアの倫理とともに』（岩波書店、二〇一一年）の冒頭で、日本のジャーナリズムの現場には「二つの心」があると論じる。

ひとつは、新聞倫理綱領や放送倫理綱領などで規定されているいわゆる近代西欧の歴史の薫陶を受けたジャーナリズム。それは、言論の自由という基本的権利を基盤に、権力の監視をして、独立、不偏不党、中立公正を貫き、必要ならば社会の木鐸《ぼくたく》として「正義」の原理とともに動くジャーナリズムの理想である。日本の戦後のマスメディア産業は、主にこちらの心を拠り所として発展した。（略）

ところが、多くの記者たちと話していると、この理想だけではどうも割り切れない、物足りない「何か」があるという。彼・彼女たちにとって、権力監視、木鐸、正義などという概念は自分たちのやっていることにうまくあてはまらない。それが職業の規範となっているということ自体、なんとなく面映いような大げさなような気分で、「ジャーナリスト」と呼ばれることさえ嫌う者も多い。（略）彼・彼女たちは、権力からも政治的イデオロギーからも遠い日常で、今日も明日も当事者の目線から社会の中の声なき声に耳を澄まし、目には映らぬ現実に目を凝らそうと、対象との二人三脚、さらに一体化さえ肯定するような取材を重ねている。

前者を「正義の倫理」のジャーナリズムと呼ぶなら、後者は「ケアの倫理」のジャーナリズム。「ケアの倫理」について林は、心理学者キャロル・ギリガンの著作『もうひとつの声』に依拠しながら、「手の届く身近な人間への心配りと相互依存を前提とした人間関係の維持に価値をおく倫理感」と説明する。

永は、「正義の倫理」を背骨としながら「ケアの倫理」で生きた人だったと私は思う。林が言うような「声なき声に耳を澄まし」、その声を『大往生』（岩波新書）のような語録にまとめたり、「目には映らぬ現実」をラジオで語ったり、時にはともに涙するほどに「一体化」して応援団長を買って出たり。永は「ケアのジャーナリズム」、あるいは高橋厚が言う「応援歌のようなジャーナリズム」の実践者だった。あの大震災後、東北地方のあちこちに流れる歌「上を向いて歩こう」を聞きながら、私はそう確信した。

現代の「世間師」として

永は「ケアのジャーナリズム」に目が向けられるような現代的な意味でのジャーナリストと位置づけることができるだけでなく、歴史をさかのぼって、古典的なジャーナリストの原点を体現するような人物でもあった。

一橋大学と早稲田大学の名誉教授で、メディア史が専門の山本武利は、ヨーロッパや中国と同様に日本でも行商人や旅芸人が「記者、ジャーナリストのルーツ」だと指摘して、こう述べる。

富山の薬売りに代表される行商人、高野聖などの行脚僧、旅芸人などが、共同体と共同体の間を徘徊しながら、そこに住む人びとに他郷の情報を提供する人間的なメディアの役割をはたしていた。共同体の人びとは、三六五日のうちの三六〇日ほどは、あくびの出るような日々を過ごしていた。かれらは陳腐な共同体内での情報や昔話などにもとづいたコミュニケーション生活を送らざるをえなかった。かれらのなかで他の共同体に足を運んだり、遠い他郷へ旅をする者はまれであった。しかし他郷への関心は強かった。他郷の人びとの動向やそれに関する情報を入手したがっていた。他郷は人びとにとって異界であり、また異人の住む興味津々の空間だった。かれらの外界の情報への渇望を満たし、かれらのコミュニケーション生活を多少なりとも活性化させてくれるのが、柳田国男が「世間師」とか「遊行者」とよぶ人びとであった。

（山本武利『新聞記者の誕生』新曜社、一九九〇年、一一～一二頁）

ここに出てくる民俗学者の柳田国男によれば、「世間」を広く人間社会と解するのはそう古くからのことではなく、多くの田舎ではただ「外部」という意味に使っていたそうだ。「世間師」というのは「旅をした人、異郷の事を知る者のことであった」（柳田国男『昔話覚書』）。旅をして異郷のことを知り、それを伝える。その意味で永は間違いなく、現代のメディア界に大きな足跡を残した「世間師」の一人だった。

ここまで読んできて、それでも「永六輔がジャーナリストかよ」と反発を感じる方がおられるかもしれない。そういう方のために、少しだけ言葉遊びをしてみよう。

英語の「journalism」「journalist」は、「journey」と語源が同じだという。「journey」を辞書で引くと、「1日（jour）の仕事・旅」と語源の説明がついている。ここでも、「旅

各地に出かけて話し、歌った。まさに旅芸人

の坊主」と称し、週のうち六日を旅先ですごして人々の話に耳を傾けた永の姿が重なる。

ついでに英語で「journeyman」と言えば、「職人」のことだ。永は、職人たちと深くつき合い、その身になってラジオや講演などで自ら語ることによって尺貫法を復権させる運動をしたような「言葉の職人」でもあった。

世間師の中で、永のイメージに近いのは「旅芸人」だろう。永は、旅先でテレビ番組『遠くへ行きたい』などの収録や取材などをするほか、現地のお寺や野外で「しゃべり芸」を披露し、自分で作詞した曲を歌うこともあった。メディア時代の旅芸人らしいのは、地方で顔なじみのパーソナリティーがやっているラジオ番組のスタジオを訪ね、その折々に語りたいこと、語るべきことを電波に乗せて伝えたことだ。

歌手の小室等は、学生時代から永のファンだった。「永六輔さんの詞は非常にシンプルで、それまでの歌謡曲の歌詞が類型的な起承転結をきちっと持っていたのとは、まったく違っていた」「コピーライターの先駆者的な資質だったのではないでしょうかね」「時代が求めるものの本質を見事につかんでいた」と著書で褒めている（『人生を肯定するもの、それが音楽』岩波新書、二〇〇四年）。

一九七一年の「第三回合歓《ねむ》ポピュラーフェスティバル」（三重県）で、小室が作曲した「出発《たびだち》の歌」（作詞・及川恒平、歌・上條恒彦と六文銭）がグランプリを受賞。司会をしていた永と知り合い、お互いのステージに招き合う関係になっていく。永は晩年、小室が東京・東中野のポレポレ坐で開く「コムロ寄席」の常連だった。

二〇一一年三月三日の「コムロ寄席」を見に行くと、二人は漫才のようなやりとりで観客を笑わせていた。そのころ、小室は私に言った。

「永さんは芸人であると同時に、すごいジャーナリストだって思うんですよ。常に現場を取材に歩き、見聞きしたことを伝える。旅芸人やトルバドゥール（中世フランスで活躍した詩人兼音楽家＝筆者注）がジャーナリストでもあったように、話が面白おかしいだけでなく、迎合せずに信頼性があるから、次に来ても歓迎されるのでしょう」

その原点は学生時代にあると見ていたのは、永の早稲田大学の先輩で、芸能・芸能史を探究する盟友でもあった俳優の小沢昭一だ。「ぼくは演劇部で、永さんは新聞部。もともとジャーナリズムの素養があるわけですな」と生前、私に話していた。

学生時代、永がNHKのラジオ番組で放送作家として鍛えられたことも思い出しておきたい。新聞には不可能な声という武器を使い、歌やコントによる笑いで政治や世相を風刺する。「冗談は社会のブレーキの役割をする」(三木鶏郎)、「笑いは社会の按摩みたいなもの」(丸山鉄雄)という師匠二人の話はすでに紹介した。それは、笑い(冗談)や言葉(声)の力を生かした放送ジャーナリズムの先駆けでもあった。

『大往生』は「知恵の本」

永をジャーナリストという視点で見たとき、放送以外の代表作は、二〇〇万部を超えてまだ売れ続けている岩波新書『大往生』ということになるだろう。

旅先などで耳にした死や病にまつわる言葉をこつこつ集め、やさしい表現で面白くつづる。長年かけて蓄積した「無名人語録」の集大成でもあった。それがミリオンセラーになったことに戸惑ったのは、誰よりも本人だったようだ。一九九四(平成六)年三月二二日に第一刷が出たあと、部数が増えるたびに新聞各紙に載った永の言葉を追ってみよう。

「一生懸命書いた本というわけじゃない。これまでのことを編集して楽に作ったもので、それが売れているので、あっけにとられているんです。照れたり、恥ずかしがったりしてます」（産経新聞六月五日）

「僕と中村八大さんの『黒い花びら』という曲も、作り放しのものがだんだん歌われていって、ヒットしてレコード大賞になるんですが、あの時と同じ感覚なんです」（毎日新聞六月二三日夕刊）

「うっかり買って面白く読んだけど、死はもっとすさまじいと怒った人がいました。その通り。死に関心を持つきっかけになってくれればいいんです」（読売新聞八月四日）

「僕は他人の言葉を書き留めただけで、こういう本を作る話をくれたのも、聞き書きをまとめたのも編集の人。編集の腕がよかったんだと思います」

（産経新聞一一月二七日）

この本を永に書いてもらおうと思いついたのは、当時の岩波書店で新書課長をしていた坂巻克巳だった。本人の話で当時を振り返ると——

一九九二年五月七日の夜、仕事を終えて自宅に帰った坂巻はTBSテレビの『筑紫哲也ニュース23』を何気なく見ていた。永がゲストで、「明るい死に方講座」というタイトルでしゃべっている。誰もがいつかは迎える死について、見えないふりをせず、もっと日常の中で明るく気軽に語り合うべきだといった考えを力説していた。重苦しいはずのテーマを軽妙なタッチで、しかも心にしみるエピソードを数多くまじえて。例えば、ヘビースモーカーだった俳優の中村伸郎が最期を迎えた病院で禁煙を命じられ、「タバコが吸いたい」という希望をかなえてあげられなかった奥さんが、お通夜は焼香をせず、みんなでタバコを吸って遺体に吹きかけることにした話などが印象に残った。だが、坂巻はそのときはそれで本を作ろうとは思わなかった。

翌日の昼休み、社員食堂でたまたま前にすわった後輩が坂巻に「ゆうべの永六輔さん、見ました?」と声をかけてきた。「あの話は本にすべきです。すぐに電話すべきですよ」。坂巻も心が動いたが、岩波書店はそれまで永の本を出したことはなかったし、坂巻もつてがない。とりあえず事務所あてに「本づくりをご相談したい」という趣旨の手紙を出してみたら、永の直筆で断りの絵葉書(第2章冒頭)が来たのだった。

その後、永の事務所からは、永が司会をした「楽しい生き方・正しい死に方」「老いることへの提案」といったシンポジウムの冊子が届いた。それを読んで坂巻は「ぜひとも本にしたい」と強く思う。まだ永に会ってもいないのに企画案を作り、「死について語ろう」という仮題で編集会議に提案。強い賛同を得て、正式に企画を決めたうえで改めて執筆依頼の手紙を出した。先の絵葉書の感触から書き下ろしは難しそうだと判断し、長時間インタビューにもとづく口述筆記でも結構という内容だった。

まもなく永から「渋谷のジァンジァンで会いましょう」と連絡があった。坂巻は、口述筆記が得意な同僚の井上一夫と一緒に永に初めて会った。結果として全体が口述筆記のスタイルにはならなかったが、坂巻の熱意が実り、井上が編集を担当して出版史に残る本が世に出ることになった。

永は『大往生』について、晩年になっても私に「書き下ろしでもないし、編集者が上手に作ってくれた本。ぼくは何の努力もしていない。ああ、恥ずかしい」などと言っていた。これはどうやら謙遜しすぎのようである。

『大往生』がきっかけになって、永は岩波書店から何冊も新書を出す。その編集者も務めた井上は「永さんが『何の努力もしていない』とはとんでもありません」と否定する。『大往生』は永さんシリーズの中で唯一、まとまった原稿として受領することから始まっていて、基本はすべて永さんの仕事でした」と井上は振り返ったうえで、「まあ、確かに苦労しましたけど」と笑う。
なぜ『大往生』はこれほどのベストセラーになったのだろうか。出版から一六年後、井上は新聞に載せた回顧録で「いまぼくは、手法としての『ラジオ本』、内容としての『知恵の本』ということに集約されると思っている」として、こう書く。

「ラジオ本」という手法は、「知恵の本」という性格にまっすぐ結びついていた。ラジオでは聴いてすぐわかることばでなければならず、ややこしい理屈ではついていけない。高みからの解説ではなく、読者の目の高さで語る姿勢が必須なのだ。いいかえれば、「知識」を「知恵」のことばに転化させる工夫である。話術の達人であり、練達のラジオ・パーソナリティーである永さんだからこそ可能となったといえるだろう。
（井上一夫「語縁あって　ぼくの出版現場リポート」新潟日報二〇一〇年一二月三日）

井上によれば、もとの永の原稿は「老い」「病い」「死」という三題噺になっていた。この基本構成は変えず、分量や話の性格からして別章を立てたほうがいいと井上が提案し、「仲間」「父」を加えた五章になった。それによって対談やシンポジウムの記録、この本を捧げる相手の亡き父・忠順の文章などもあるという「紙上バラエティー・紙上ワイド番組」になった。「だから読みやすい」と井上。また、いろいろな人から聞いた語録だけでなく、それに永のコメントをつける構成は、井上の提案を永が面白がって「さすが」と思うコメントをつけてくれたという。語録のあとにコメントがつく構成は、ラジオでリスナーからの手紙を読んで、それに永がコメントするのと同じである。永自身が「ラジオ本」と呼んだのは、言いえて妙だった。

坂巻によれば、『大往生』というタイトルを発案したのも永だった。当初は坂巻が考えた「死について語ろう」という仮題で企画が進んでいた。ゲラができ、二カ月後に刊行という段階で、永が言い出した。「死とか病いとかは暗い印象になるけど、日本人が唯一あこがれる言葉は『大往生』。タイトルが漢字三字の本はほかにないから、本屋でも目立つと思う」と言うのだった。「有名人の最期を列伝みたいにまとめた本と誤解されないかなあ、などと私には疑問があったのですが、永さんが『絶対にこれがいい』と。あとで思えば『大往生』じゃなかったら、あんなに売れなかったでしょうね。永さんのすごいセンスに驚かされました」と坂巻は語る。

当事者以外の『大往生』評もたくさんある。一つだけあげておこう。宗教学者の山折哲雄が新聞に寄せた「川柳的発想で息苦しさ解消」という文章から。

『大往生』が当たった秘密は、まずこの川柳的発想にあると思う。老いや病や死のようなうっとうしい問題を、意地悪く笑いとばしたり柔らかく皮肉ったりしている。深刻ぶらない軽口の人生観察がつぎからつぎへと登場してくる。一行詩のような、一口小話のような按配《あんばい》で……。それらを編集し、超短編小説のようなストーリーに仕立てあげていくところに、永さんの工夫があったのだろう。

（朝日新聞一九九四年九月二一日夕刊）

この文章で山折は、老・病・死は「社会的ビッグテーマ」としてテレビや新聞で取り上げられるようになってかなりの時がたつが、「その取りあげられ方は事柄が事柄だけに真剣味がまさって、いささか余裕に欠けていたきらいがあったように思う」と指摘した。永の持ち味は、余裕を持って短い言葉で鋭く本質を突き、そこに笑いや風刺を忘れない姿勢だった。その集大成が『大往生』だったと言っていい。

『話の特集』の仲間たち

『大往生』に至る永の歩みをたどるとき、雑誌『話の特集』とそこに集っていた人たちとの交流を語らないわけにいかない。

新聞連載「ジャーナリズム列伝」で私はこんなふうに紹介した。

32歳になった永六輔が大阪留学を終えて東京に戻ったころ、ひとつの時代をつくる雑誌が産声をあげようとしていた。

ミニコミ誌の草分けながら、70年代後半には20万部を売る「話の特集」である。1965（昭和40）年12月20日に創刊号（66年2月号）が出た。編集長は、永と同じ33年生まれで元新聞記者の矢崎泰久。3歳下のイラストレーター、和田誠がデザインを取り仕切り、和田と同い年の横尾忠則の表紙絵が創刊号から話題になった。

執筆陣も豪華だった。五味康祐、寺山修司、小松左京……。矢崎は、「テレビの寄生虫」とやゆされるほどの売れっ子だった永にも執筆を頼んだ。ところが、事務所が「原稿料が安い」と断ってきたという。

そのことを永は知らなかった。

「新感覚の雑誌で、キラキラしてた。この人たちと並びたい。ここに書いてないと肩身が狭い。そんな感じがしました」

思いを聞いた小松が永を連れて矢崎を訪ねる。「ぜひ書かせてほしい」と訴える永に、矢崎は「願ってもないことです」。

しかし、何を書くかがなかなか決まらなかった。矢崎が振り返る。

「書きたいことがいっぱいあるのに、どう書いていいかわからない。謙虚に言ってくれたんで、すぐ友だちになりました」

永は「乞食《こじき》に興味がある」と言った。それならと「われらテレビ乞食」「河原乞食の栄光」などの連載を始めた。だが――。

「たちまち立ちゆかなくなるんですよ。文章が硬くなっちゃってつまらない。永さんはエンターテイナーだから、自分でわかるんですね。で、書けなくなっちゃう」

それでも数年たつと、連載から次々に本が生まれる。自ら「原点」と言う「芸人その世界」が出るのは69年4月のことだ。冒頭の「口上」にこう書いている。

「読みかじり、聞きかじった芸人、役者のエピソードを並べた、たったそれだけの本」「テレビを中心に健全娯楽を目指すことが、果して僕達の『芸』にとって幸福なことなのか、どうかも考えていただきたい」

取材したことを書く。94年のベストセラー「大往生」につながるジャーナリスティックな手法の芽生えと、テレビへの不信感が見てとれる。

（朝日新聞二〇一一年六月九日夕刊）

補足しよう。ここに出てくる『芸人その世界』は、「大切な葉書はポストにいれてから相手宅に着いた頃をみはからって、無事に着いたかどうかを確かめに使いを出した」という初代吉右衛門の話など、自分が聞いたことや読んだことをまとめたものだ。『芸人その世界』のあと、『役者その世界』『タレントその世界』と永は次々に「他人のエピソードを肴にした」本を出した。どれももとは『話の特集』の連載だった。その連載は「無名人語録」となり、『話の特集』が九五年に休刊したあとは『週刊金曜日』に引き継がれ、永が亡くなる直前まで続いた。永は放送界への入口で『日曜娯楽版』に鍛えられ、筆力は『話の特集』で鍛えられたのだった。

『日曜娯楽版』と同様に、そこに集まっていた多士済々の人々との「関係」もまた、永を育て、活躍の場を広げていった。

永が参院選に出たことを覚えている方もおられよう。一九八三年六月、『話の特集』の仲間だった矢崎や女優の中山千夏に誘われて「いやいやながら」の出馬だった。八〇年の参院選では中山が全国区五位で当選。八三年からは比例代表制になったために「無党派市民連合」をつくっての選挙だったが、投票は政党名で、「永六輔」と個人名を書けなくては勝ち目がなかった。「無党派市民連合」は当選ゼロだった。「永さんって、政治臭みたいなものが本当に嫌いな方。でも、一大決心してくれたんです」と中山は振り返る。

永はやはり「応援団長」が似合う。八〇年の選挙で中山が当選したときのことを中山本人が笑いながら私に話してくれた。

「永さん、ずーっと私の応援についていてくれて。自分の名前を言えばみんな振り向くと思って、一生懸命『永六輔です』って言うのね。車は動いているから、『中山千夏さんが』って言う前に通り過ぎちゃう。大笑いしました」

八三年は年末に親友の野坂昭如が新潟で田中角栄に対抗して衆院選に出馬。永が応援に行ったとき、刃物で襲われる事件が起きる。翌朝の朝日新聞に永は「ゾッとした」と語り、野坂は「運動方針は変えぬ」と語る談話が載った。その背景を永が笑いながら明かした。

「ぼくが恐怖を語り、野坂はひるまぬ決意を語る。そういう分担をしたんです。野坂は酒の勢いもあって『テロが何だ!』と叫んで拍手され、ぼくは弱虫と言われてねえ」

野坂は次点で落選。永はこのあと、政治に距離を置き、二度と選挙に出ることはなかった。当時やっていた尺貫法復権運動や佐渡島独立運動などに軸足を移していく。

「楽しくなければ戦わない。政治に頼るより、ラジオで訴えたほうがいい。そう痛感しました」。永らしいジャーナリズムの世界に戻ったということだろう。

その後も『話の特集』の人々とのつきあいは死ぬまで続いた。永が校長を務めた「学校ごっこ」の講師陣になったり、阪神・淡路大震災で被災した障害者を支えるために永が呼びかけ人代表になった「ゆめ・風・10億円基金」（現NPO法人「ゆめ風基金」）に協力したり。

二〇一七年七月六日、永の一周忌の前夜に東京の成城ホールで開かれた「永六輔一周忌ライブ　永六輔とその一味」には、『話の特集』ゆかりの人たちも駆けつけた。矢崎や中山のほか、司会は小室等で、会場には作家の朴慶南《パクキョンナム》や写真家の藤倉明治らの姿があった。舞台で芸を披露した松元ヒロ、オオタスセリは、永が目をかけて見守り続けた芸人だった。

そういえば、おすぎとピーコ、清水ミチコといった面々のように、人気が出る前から永が応援した人は数え切れない。

総ジャーナリスト時代に

これからの時代を考えたときこそ、ジャーナリストとしての永から学ぶことは多い。

本章冒頭に引用した新聞記事で触れた藤代裕之は法政大学准教授で、日本ジャーナリスト教育センター（ＪＣＥＪ）の代表を務めている。ＪＣＥＪのホームページでこう述べる。

ソーシャルメディアの登場で、誰もが情報発信できる時代になりました。伝える主体はマスメディアから個へ、伝えることは目的から手段になろうとしています。社会の問題を解決するため、地域に笑顔を増やすため、新しい商品やサービスを知ってもらうため、たった一人のためにメッセージを届ける…伝えることはあらゆる活動の基盤です。

取材やライティングだけでなく、編集力、ウェブ技術、マーケティングなどの知識やスキルを生かして、伝えるためにメディアを創る「Entrepreneurial Journalist」という考えに立ち、一人ひとりがメディアの担い手として、問題意識を持ち、組織や立場、年齢を越えて共に学ぶ場がＪＣＥＪです。

伝えるだけでは終わらない。あなたは、何のために、誰のために伝えますか。

「誰もが情報発信できる時代」ならではの弊害もいろいろ起きている。二〇一六年のアメリカ大統領選挙でトランプが勝利した裏には「フェイク（偽《にせ》）ニュース」があったし、インターネットやトゥイッターなどに無責任な情報があふれるのがむしろ日常になった。

藤代は二〇一七年一月に出した『ネットメディア覇権戦争　偽《にせ》ニュースはなぜ生まれたか』（光文社新書）で、こう指摘する。

誰も責任を持たない荒野のような状況が生まれ、メディアとプラットフォームの隙間から、偽ニュースの汚染が拡大している。

ネットメディアは、マスメディアがこれまで築き上げてきたブランドや信用度を利用しながら、マスゴミ批判でアクセスを稼ぎ、粗悪な中身を交ぜて利益を上げてきた「ニセモノ」だった。マスメディアが「本物」かというと、それも怪しい。ビジネスモデルが崩れ、アクセスを求めて信頼を切り売りするようになった。発信者になった私たちも、言論を担う責任に背を向けていた。

藤代たちは、組織の枠を超えて「個」のジャーナリストが切磋琢磨する場としてJCEJを設立した。新聞社や放送局の記者だけでなく、誰もがジャーナリストとして必要な技術や倫理を学び合うことを狙っている。

私自身、新聞記者の定年が近づくにつれて若い人たちを対象にした「ジャーナリスト教育」の大切さを痛感し、大学の非常勤講師としてなるべく多くの機会をつくり、学生たちと対話するように努めてきた。そして、教室でジャーナリストとしての基本的な素養を語りながら、「なんだ、どれも永さんがやったことじゃないか」と感じるようになった。ここでも六輔にちなんで、六つに絞って箇条書きにしてみよう。

①労を惜しまず、現場に足を運ぼう。

取材の基本が、現場主義なのは間違いない。週の六日を旅先ですごした永は、ほとんどいつも取材の現場にいたことになる。「現場に行ったら、高いところに登れって。宮本常一さんの教えを実践しています」と私に言った。現場を俯瞰することで全体像が見えてくるというのは、新聞社で新人記者が教わることと全く同じである。

②「記者」の前に、優れた「聞屋《ぶんや》」になろう。

これは私の言葉遊びだが、もちろん「聞屋」は「新聞屋」の略で、時に蔑称ともなる。しかし、それを「聞くことを専門にするプロフェッショナル」と解したらどうか。「記者」は、取材したことを書く。取材とは、資料に当たるとか、現場を歩くとかいう行為も大事だが、何より取材相手の声に耳を傾けなくてはならない。有名人から無名人の言葉まで、広く耳を傾けて『大往生』などに結実させた永は優れた「聞屋」だった。

③伝えるための技術を磨こう。

伝わらなければ、発信しないのと同じである。「むずかしいことをやさしく、やさしいことを深く、深いことを面白く」。井上ひさしの言葉を座右の銘にした永は、伝えること

TBSラジオの放送開始前に新聞で話題を拾う＝大石芳野撮影

に気を遣う人だった。しかも、ラジオ、テレビ、雑誌、新聞など、媒体を使い分けて伝えることも巧みだった。ラジオの『土曜ワイド』を放送する朝の毎日新聞にコラムを書き続けたのは、媒体の持ち味を組み合わせるメディア・ミックスの試みだった。

④「一社ジャーナリズム」でなく「一者ジャーナリズム」を。

日本のジャーナリズムで良くない傾向だと私が常々思うのは、「○○新聞の記者」などと記者個人より会社が先に来ることである。そこから「会社の意向」を忖度するような人も出てくる。第3章で今野勉が指摘したように、永は「個」の人だった。TBSラジオを中心に仕事をしたように見えるが、それはT

ＢＳへの忠誠心からではなく、一緒に番組を作る「仲間」や「同志」がそこにいて「居心地がいい」からだった。

⑤「人間力」を鍛えよう。

これも本来の使い方ではないが、「人間力」を「人間としての力」だけではなく、「人の間《あいだ》をつなぐ力」といった意味でも私は使っている。「個」で仕事をする「一者ジャーナリズム」が土台とはいえ、「個」と「個」をつなぐチーム力がないと、情報を受け取る「個」との信頼感や連帯感は生まれないと考えるからだ。そもそも人は人の間でしか生きられない。その間をつなぐものをメディア（媒介者）と呼ぶなら、メディアの仕事は取材先と読者、聴取者、視聴者を媒介するだけでなく、広く人と人をつなぐことだろう。永は「個」の人でありながら、「個」のつながりの中でしか仕事をせず、分散している人と人をつなぐことにもたけていた。

⑥メディア・リテラシーの力を高めよう。

メディアを批判的に読み解く力を意味する「メディア・リテラシー」こそが、いま最も大切な力である。ウソを見抜き、確かなものを見抜く力を身につけないと、「フェイクニュース」にだまされかねない。ついリツィートやシェアをしてウソの拡散に加担しかねない。

⑥に関連して思い出すエピソードがある。

一九六九年の夏のことだ。永がニューギニア島に出かけたために、永がパーソナリティーをしていた深夜放送『パック・イン・ミュージック』は、矢崎泰久が代打を引き受けた。八月三日の放送で、永が旅先で人食い人種に食べられて死んだことにし、三木鶏郎、安藤鶴夫、黒柳徹子らが次々に弔辞を読んだ。TBSには電話が殺到し、警察からも問い合わせが来るなど大騒ぎになった。

ディレクターだった橋本隆が振り返る。

「人食い人種に食われるという設定自体がありえないし、ちゃんと番組を聴いていれば冗談だとわかるんですが、弔辞を読んだ人がうまいですからねえ。今だったら、ネットで大炎上ということになったでしょうが、TBSの電話交換室に山盛りのフライドチキンを届けて、始末書も書かず、一件落着。おおらかな時代でした」

永は「話を面白くする人」（橋本）でもあったが、ファンはそれをわかって楽しんでいたということだろう。永が言ったり書いたりしたことの中にも「ホントかな？」と思う部分がないわけではない。本人は私にこういう言い方をした。

『永六輔の言ってることはウソだから』ってよく言われるんですよ。でも、怒りません。まあ、話をちょっと作ったりはするわけだから。ある人に言われたんだけど、ウソはいけないが、誇張はいいって（笑）。だから誇張してるんでね。ウソはついてない」

たとえウソをついても、すぐにそうだと理解してくれるリスナーがファンとしていっぱいついていたということでもあるだろう。永は、自身がこだわった人と人の「関係」に支えられていたと言い換えてもいい。こんなことも語っていた。


どうしてこんなに続けられるのかというと、「聴かれている」という確かな手応えがあるからですね。別にリスナーからの反響の投書が来たからというんじゃなくて、タクシーの運転手さんや、信号を待っている交差点で小声で「聴いてます」と言われると嬉しくてゾクゾクします。

（秋山ちえ子・永六輔『ラジオを語ろう』一五頁）


永の一周忌を前に、孫の一人の永拓実が『大遺言　祖父・永六輔の今を生きる36の言葉』（小学館）という本を出した。執筆の動機になった「永六輔はやっぱりすごい人なんだ」「もっと知らなくては」と思ったエピソードを紹介している。

永が亡くなったあとの「お別れの会」でのことだ。拓実が誰よりも激しく泣いている若い女性に声をかけると、こんな話をしてくれたという。

「学生の頃、ひどいいじめにあっていまして。もうどうしようもなく、死のうと思って富士山麓に行きました。そこで私は、携帯用ラジオを聴いていたんです。永さんの番組のファンだったので、最後に聴こうと思って。すると、早口でしゃべり続けたり、『はははは！』と大きく笑い飛ばしたり、永さんは本当に楽しそうで。声を聴いているだけなのに、優しさに包まれた気分になりました。また来週も永さんの声を聴きたいと思い、死ぬのを思いとどまったんです」（一〇〜一一頁）

これこそ「ケアのジャーナリズム」の力ではないか。女性は感謝の気持ちを伝えようと「おかげさまでもう少し、生きようと思います」と番組あてに葉書を出した。数日後、返信が届いた。「お帰りなさい。六輔」と書いてあった。この葉書を宝にして「来週までがんばろう」と言い聞かせながら生きてきたそうだ。

永は、投書の一つ一つに返事を書く人でもあった。「多い年には四万通書いたこともある」と言っていた。添えられる言葉はほとんど一言。『日曜娯楽版』の短いコントで鍛えられ、短い言葉ほど人の心を打つという信念があったのに違いない。

放送は、文字通りの「送りっ放し」ではなく、むしろ「通信」という言葉に近い双方向のコミュニケーションを大事にしなくてはいけない。新聞、雑誌、ネットメディアも同じだ。そう考えていた永がラジオを本拠地にし、葉書を愛用したわけがわかる気がする。

みんなが情報発信者・ジャーナリストの時代にこそ、永六輔の生き方が輝く。

死に方で生き方を示す

生き方は、死に方によってひときわ輝く。

常に他者との関係を意識して生きた永は、同時代を生きる人々の息づかいを求めてあちこちを訪ね歩き、そこで見たり聞いたりしたことを面白く、ためになる話として広く世に伝えた。そして、永自身の死期が近づくのを悟ったとき、自らの死に至る姿を家族だけでなく、世に示すことを人生最後の仕事にしようとしたのではないか。

永はお寺の次男坊で、幼いころから人の死が身近にあった。さらに戦時中の体験によって、生の先に必ず死があることを実感しながら、それでも「殺される」のではなく、生をまっとうして死を迎えることの大切さが骨身にしみたに違いない。

一九九四年に出した『大往生』がミリオンセラーになったころからは、著者として自分の「大往生」への責任も感じたことだろう。その前後には、身近な人たちの他界が続いた。八五年に日航機事故で坂本九が不慮の死をとげたあと、永が多大な影響を受けた父・忠順が九〇年、母・登代も九九年に亡くなり、放送や音楽の世界へ導いてくれた師匠の三木鶏郎も九四年に逝った。いずみたく、中村八大（ともに九二年）、渥美清（九六年）と親友たちの相次ぐ死も、永にはこたえたことだろう。「友だちでいてね。もう誰もいないよ」。永にそう言われたことを黒柳徹子は覚えている。

永にとって最大の衝撃は、自分より先に亡くなるとは思ってもいなかった最愛の妻、昌子の死だった。昌子は二〇〇一年六月、末期の胃がんとわかった。入退院を繰り返したあと、最後の約二カ月は在宅医療で家族とすごし、二〇〇二年一月六日に息を引き取った。六八歳だった。この間、永はラジオのレギュラー以外は仕事をほとんど断って家にいて、交代で通ってくる長女・千絵、次女・麻理たちとともに、昌子を看取った。

昌子が亡くなって一〇日後、娘二人と出た雑誌の家族座談会で永はこんな話をした。

> あんなに元気だった昌子さんが末期の胃ガンだとわかったのが、去年（二〇〇一年）の六月。それから半年、ほんとに僕らは事故にあったみたいな感じだよね。
> レギュラーのラジオ番組に出演すると、「奥さんが病気で亡くなったのに、よく明

るくやってますね」と言われたり、心配してくれるリスナーから「永さん、あんたは休んで泣いてなさい！」（笑い）。でも、笑っていられるのは、昌子さんを看取った充実感があるからだと思うんだ。（略）

在宅看護生活で僕らが学んだ一番大切なことは、医療のド素人である僕ら家族が、実に多くのことを大切な人の最後の日々にしてあげられるんだということ。それを教えてくれたのは、僕らが出会えた素晴らしい訪問ドクターと開業ナースたちだった。プロフェッショナルで誠心誠意の働きぶりに、僕らはほんとうに励まされ、多くを学んだじゃない？　日本のマスメディアにはあまり紹介されていない仕事の素晴らしさを少しでも伝えたい——それが座談会のテーマです。

（『妻の大往生』中央公論社、二〇〇二年→中公文庫、二〇〇五年、一七〜一九頁）

昌子が末期がんとわかる前年に出版された『夫と妻』（岩波新書）の「まえがき」に「いたわりつづけてくれる妻に感謝しつつ、これからの妻と夫を考えてみよう」と書いていた。「これから」を唐突に奪われたむなしさは察するに余りある。それでも在宅で看取った直後に「あまり紹介されていない仕事の素晴らしさを少しでも伝えたい」と語るあたりに、ジャーナリスティックな使命感が見てとれる。

妻・昌子、長女・千絵、次女・麻理と

永は昌子なしでは生きられない。そう思っていた人が周囲に多かった。「ぼくがボランティアをつづけられるのも、旅暮らしで過ごせるのも、昌子のおかげ」だったし、昌子は「二人の娘の母、四人の孫の祖母もこなし」「ぼくが旅先から電話で問い合わせると、まるで図書館の司書のように、答えが返ってくる」「有能な秘書でもあり、辞書でもある」存在だった（『夫と妻』一九九六〜一九八八頁）。そんな大事な伴侶を失ったのに、永は「周囲の予想をよそに、思いのほか頑張った。母なしで十四年半生きたのだ」（永千絵『父「永六輔」を看取る』宝島社、二〇一七年、二八頁）。

妻の死によってはっきりと自分の死もそう遠くないことを自覚し、死に至る道筋を見据えながら「思いのほか頑張った」のだろう。二〇〇五年に出た矢崎泰久との対談『死に方、六輔の。』（飛鳥新社）でこんなやりとりをしている。

永　老衰でも何でもいいんだけど、ふつうに息を吸って吐いていて、その吐く息がごく自然に止まる死に方が一番でしょう。生まれてきたように死ねばいいんだから。

矢崎　そんなの、よくないんじゃないの？　だってまわりに家族がいて、今か今かと待たされてさ（笑）。それって、家族も本人もつらいんじゃないのかな？

永　いや、三カ月ぐらいは寝込んで、世話をしてもらったほうが、看取るほうも看取りやすい。世話するほうがくたびれてきて、心の底で「そろそろ死なないかなぁ」って思い始める前に死ぬのがいいんですよ（笑）。本人も、気をラクにしてあの世に行けますよ。

矢崎　永さんの話を聞いていると、生きる執着心がないんじゃないかとさえ思えてくる。

永　そんなことないですよ。生きている間は、こうして言いたい放題のことを言いたいし、好き勝手に旅にも出たい、そしていろんな人とも出会いたい。（五二～五三頁）

「三カ月ぐらいは寝込んで」という言葉にどきっとする。永は実際に、最後の約三カ月を在宅で家族に見守られて息を引き取った。自ら予告したシナリオ通りの「大往生」だった。「気をラクにしてあの世に」行ったのだと思えば、こちらも気が楽になる。

病気とのつきあい方

永の長女で映画エッセイストの千絵によれば、健康だった永の体調にかげりが見え始めたのは、二〇〇七年ごろからだった。

二〇〇七年に、父は自転車で転倒した。自転車は大好きで乗り慣れていたので、これは父にとっては衝撃的な出来事だったろうと思う。このとき、この転倒を目撃している人はいなかったため、なにがあったのかは父の証言だけが頼りだ。「自転車で転んじゃった」という話は聞いていたのだが、その後、とくに痛みを訴えるわけでもなく安心していたら、ラジオの番組内で、父が「自転車で転んで、肋骨を二本折りました」と言っているのを聞いた。

「肋骨二本、折ったって⁉」

ラジオを聞いていた我々家族は大騒ぎ。そんな話、聞いてない。家族も知らないのに、いつの間に骨を折って、いつの間に治ったんだ？　のちに別の診察でレントゲンを撮ったら、たしかに肋骨一本にひびの入った痕があったらしい。こういうことがあるので「父の話は半分で」という習慣が身についてしまった。

二〇〇八年くらいから、ラジオの父の話が聞き取りにくい、字が書けない、というような異変が出てきた。実際、ラジオ番組ではパートナーでアナウンサーの外《と》山《やま》恵《え》理《り》さんが、父の通訳をしてくださる場面も増えていた。

呂律《ろれつ》が回らない、字が書けないに加えて、足元がおぼつかない、などの症状が出てきていたが、いちばん困ったのは、話をしていて、父の反応が薄い、ということだった。

（『父「永六輔」を看取る』三四〜三五頁）

話を面白くしようとする永の「話半分」は昔からだが、字が書けない、足元がおぼつかないといった症状は初めてだった。永はラジオで「かかりつけの医者を持ちましょう」と呼びかけるくせに、自分の健康には無頓着で、手は洗わないし、病院や注射が大嫌い。千絵が「首に縄をつけるようにして近所のクリニックに引っ張っていった」のは、二〇〇八年の暮れだった。病院は嫌いでも医者は好きで、ラジオで話せるような面白い話を医者から聞き出そうとする永の月一回のクリニック通いが始まった。

その定期検診で二〇〇九年、前立腺がんが見つかった。親しくしていた医師、鎌田實《かまたみのる》（諏訪中央病院名誉院長）の紹介で茨城県つくば市の泌尿器科へ通院。ホルモン療法で腫瘍マーカーの値は急速に下がった。「この数値が上がり始めたのは父が亡くなる前年の秋くらいからだったから、寿命が先か、がんが先か、という感じだった」と千絵は振り返る。

通院が日常になるなら、通院を楽しもう。そう考えるのが六輔流。それぞれの病院近くにおいしい蕎麦屋を見つけて、食べて帰るようになった。がんは抑えられたが、話の聞き取りにくさや足元のおぼつかなさに変化はなかった。二〇一〇年、鎌田實に「うちの神経内科へ来てみれば」と勧められて受診し、パーキンソン病と診断された。

パーキンソン病は脳疾患の一つで、報告者のJ・パーキンソンから病名がついた。運動を調節する神経伝達物質「ドーパミン」が減少するのが原因とされ、手足がふるえたり、うまく歩けなくなったり、バランスを崩して転んだりする。永の呂律が回らない、足元がおぼつかないというのは、まさにこの病気の症状だった。

病名がわかれば、治療ができる。「父は薬がそれこそ劇的に効いて、悪化しないだけでなく、現状維持よりもさらにちょっと上向きなんじゃないか、と思える状態にまでなった」と千絵。このころから永は「ぼくはパーキンソンのキーパーソン」などと冗談を飛ばす。あるとき、診察後の歩くリハビリで千絵が永に声をかけたという。「また下見てるよ。上を向いて！　上を向いて歩こうよ！」。このあと、永はこんな話をするようになった。

今、東南アジアから若者がたくさん来ていますね。日本で介護士になる勉強をしている人たちです。

ぼくのリハビリを担当した青年もインドネシアから来た人。あるとき、彼と病院の廊下を歩いていたら、彼が言うんです。

「永さん、下ばかり見ていたら危ないですよ。日本にはいい歌があるじゃないですか。♪上を向いて歩こう、っていう歌。知っていますか」

ぼくは「知らない！」って言いました。恥ずかしかったからです。

それで、そのあと担当医にこれこれこういうことがあった、って話をしました。先生には「嘘はよくないですね、永さん。あなたが作った歌なのに」と言われた。

ぼくも、そうだな、と思って、その青年に、次のリハビリのときに言いました。「この間は、そんな歌知らない、って言ったけど、本当は知ってるんだ。だってぼくが作った歌だから」

そしたらその青年がね、言うんです。

「またまた、永さん、嘘ばっかり！」

この話を著書で紹介したあと、千絵はこう続ける。

話として面白いし、よくできている。特に後半の展開は、さすがだ。なるほどね、脚本というのは、こうやって書くものなんだね、療法士と介護士の区別もついてないけどね、などと感心したり呆れたりしながらも、内心は穏やかではない。インドネシア人介護士の正体は、わたしなのだから。なんだか手柄を横取りされた気分である。

（略）

でも、話の面白さは変わらない。高齢者であること、病気の話、介護や看護の話、リハビリの話、こういった、けっして前向きとは言えないようなテーマでも、自分の体験を基にして、どう人に面白く楽しく伝えるか、父はずっとそのことを考えていた。

（同前、七八〜八〇頁）

「話半分」が持ち味の父が外で語る話に家族が怒ったのは、これが最初ではない。ずいぶんと迷惑をこうむったこともあったようだ。それでも、こういう話を娘が暴露するような家族っていいな、と思うのは私だけではあるまい。

永の「話半分」はその後も続いた。二〇一〇年一一月、月に一回の句会のあと、メンバーの小沢昭一が止めてくれたタクシーに乗って自宅に向かった永は、交通事故に遭って救急車で病院に運ばれた。乗っていたタクシーが、Uターンしようとした別のタクシーの横腹に突っ込む事故だった。相手のタクシーが横転したはずだが、ラジオで永は「乗っていたタクシーが横転しました」と逆にしたうえ、こんな話にしてリスナーの笑いを誘った。

「この事故で、ぼくは呂律が回るようになりました。タクシーに乗せてくれた小沢さんが言うには『永さん、壊れたラジオって、ひっぱたくと直るじゃない。永さんも同じだね。良かった、良かった!』」

死んで伝えるメッセージ

一年後の二〇一一年一一月、永はまた救急車に乗る。自宅で転び、大腿骨頸部を骨折したのだった。手術の翌日は土曜日で、ラジオの生放送があった。番組を休まないのが永の誇りだったから、スタジオに行けないかわりに電話で生出演した。

生放送でない『誰かとどこかで』のほうは、スタッフが病室にやってきて収録した。

退院後、リハビリに努めて再び歩けるようになったが、車椅子に乗ることも増えた。それでも前に紹介したように、私と一緒に宮城県の臨時災害FM「りんごラジオ」に出るなど、東日本大震災の被災地のことを気にしながら、自分のラジオ番組にも出演し続けた。

　そのころ私が何度も聞いた永の言葉を思い出す。「小沢昭一さんがね、こう言うの。『永さんはしゃべらなくても、スタジオにいるだけでいい。ラジオは、永さんがいる気配だけでいいんだよ』って」。励ましてくれた小沢は、二〇一二年一二月一〇日に前立腺がんで亡くなった。八三歳だった。がっくりした永は、自分の死も遠くないと思っただろう。

　二〇一四年三月、永は自宅で加湿器のタンクを持ち上げようとして尻餅をつき、背骨の圧迫骨折を起こした。リスナーの葉書への返信を郵便ポストに投函に行くことや、一人で入浴することも難しくなった。「要支援」から「要介護」になった。千絵は母・昌子の最期を看取った訪問看護師たちに連絡し、通院にも同行してもらう態勢をとった。昌子の没後、千絵の夫の良明が会社を辞め、永の事務所を取り仕切りながら、マネージャー兼運転手として支え続けてきたことも大きかった。

　二〇一五年には、ケアマネージャーやヘルパーも加わった。九月、朝八時半から午後一時まで四時間半の生放送だった『土曜ワイドラジオTOKYO　永六輔その新世界』が終わり、月曜午後六時から七時半までの『六輔七転八倒九十分』が始まった。「ちゃんとしゃべってる！」と家族が驚くほどに調子が戻っていた。体調の悪い朝方を避ければ、まだまだやれる。本人も周囲もそう思ったが、やがて永は背中の痛みを訴えるようになった。

妻・昌子の命日の二〇一六年一月六日、永は突然、歩けなくなった。前年の暮れに親友の野坂昭如が亡くなったことで、気落ちも激しかったようだ。前立腺がんのマーカーの数値も上がってきていた。背中の痛みは、骨転移が原因だった。

手術のために転院する日、『徹子の部屋』の収録が予定されていた。家族は出演は難しいと思ったが、永は「約束したから」と大橋巨泉と一緒に出演した。娘の千絵が「人前で話をする、伝えたいことがあって話をするということが、父にやる気を起こさせているようだった」と回想するが、その通りだったろう。最後の出演になった『徹子の部屋』で、永が黒柳に「あなたの元気をいただいて帰りますよ」と言った場面が私の心に残る。

孫の拓実がベッドのわきに付き添っていたとき、眠っていた永が突然、寝言をしゃべりだしたことがあったという。「戦争のこととかをラジオで語っているような感じでした。こんな状態になっても仕事のことを考えているなんてカッコイイと思ったし、若い自分はもっと頑張らなくちゃって刺激を受けました」と拓実は話す。

亡くなる七月七日までの三カ月、永は自宅の居間に置かれた大きなベッドの上ですごした。娘の千絵、麻理と良明が交代で見守り、在宅医療・介護のスタッフたちが支援した。

七月六日の夜、娘二人は父と久しぶりに水入らずの時間をすごした。永はいつものようにテレビのニュースを見始め、「何か食べよう」という話になった。大好きなアイスキャンデーをなめたあと、スルメをしゃぶった。麻理によれば、スルメは言語聴覚士に勧められた「口まわりと舌の筋肉を鍛えるリハビリのため」だったが、酒を飲まない永は、つまみのような食べ物は普段は口にしない。「おいしい」と言う永に「飲み込まないでね」と娘。「危ないね」と言って笑う父。それが最後の言葉になった。

永は翌日午後一時五七分、永遠の眠りについた。

身内だけで葬儀をすませてから発表するはずだった訃報がテレビやネットで流れたのは、四日後の七月一一日のことだった。翌日の朝刊は「紙面が混んでいた」と本書の「まえがき」に書いたが、私の「評伝」と見開きになる朝日新聞の第一社会面トップ記事は『3分の2』どうみた？」という大きな記事だった。「改憲勢力」が衆参両院で三分の二を占め、改憲の発議ができるようになることを受けたものだ。ラジオの深夜放送で憲法全文を読み上げたこともある永は明らかな護憲派だった。その訃報を報じる紙面が改憲への危機感を報じる紙面だったのは、ただの偶然だろうか。

この紙面が読者に届いた七月一二日の夜、最後の出演になった『徹子の部屋』に一緒に出た親友の大橋巨泉が亡くなった。有事法制に反発して参議院議員を辞めた大橋と永は、戦時中に学童疎開を体験した同学年の江戸っ子で、ともに戦後の放送文化をつくり、護

「六輔 永（なが）のお別れ会」の祭壇。青年期、壮年期、老年期の写真が並んだ＝2016年８月30日、筆者撮影

憲・反戦の立場を貫いた。二人のこのタイミングでの死は、現世に残る者一人ひとりの自覚を問うている、と私は思った。

いささかこじつけ気味なのを承知で付け加えると、永が亡くなる前夜に食べたスルメは、第5章の最後で黒柳徹子が「あのスルメが私の戦争責任だと考えるようになりました」と語っていたスルメにも通じる気がする。

その黒柳は、二〇一六年八月三〇日に開かれた「六輔 永《なが》のお別れ会」で「永さんは私の葬儀委員長をなさるとおっしゃってました。思惑が違って申し訳ありませんでした」と弔辞を読み始め、会場を笑いに包んだ。そのあと、林英哲が和太鼓を叩きながら「永六輔！ 永六輔！」

と叫んだ。生前、永本人から頼まれていたのだという。自分の「お別れ会」のシナリオまで残して死んでいったあたりが、いかにも永らしい。

命日が七月七日だったことについて「七夕に亡くなるなんて、永さんらしい。今ごろ、奥さんと出会っているのかな」といった声を聞く。そうだろうなと思う一方で、私にはこんなことを言いそうな永の得意げな顔が思い浮かぶ。

「七月七日はね、盧溝橋《ろこうきょう》事件の日。一九三七（昭和一二）年に日本が中国と戦争を始めた日です。忘れないようにしましょうね」

永が生まれた一九三三（昭和八）年四月一〇日は、中国東北部（満州）の日本軍（関東軍）が万里の長城を越えて華北に侵入した日だった。そして日本は、盧溝橋事件から泥沼の戦争、敗戦へとひた走っていった。

中国から渡ってきた仏僧を祖先に持つ永は、生まれた日も死んだ日も日本の中国侵略にかかわる日だった。これまた、ただの偶然なのかどうか。

病院・施設で死を迎えるのが普通だった時代から、在宅が見直される時代へ。憲法を変えずにやってきた時代から、改憲が論議される時代へ。時代の変化を映しながら、永六輔は自分の言葉や姿を世にさらして逝った。その人生を振り返ったあと、次の時代をいかにつくっていくかは、われわれが考えるしかない。

テレビマンばかりじゃありません。自分の新聞社の興行だけはでっかく扱うけれども、ライバルの新聞社は無視するというような仕事場の中でも、これだけは伝えていきたい、とがんばっている新聞記者が多いことも確かです。ラジオの場合だって同じです。ですから、皆さんはただ受け止めないで、これはほんとかな、違うかな、こういってるけどきっと裏はこうだろうなあという〝読み〟をもたないといけません。

（『冗談ばっかり』一五〇頁）

❖

裁判なら犯人にも弁護士がつくが、放送で一方的な批判発言になることは注意したいと思ってきた。

放送に限らず、メディアはすべて公平でなければならない。

（『想像力と創造力3――ラジオで見えるニッポン』毎日新聞社、二〇〇三年、四二頁）

❖

「一人の人を育てよう」と思ったら、一年じゃダメですよ。なのにＮＨＫなんか、スタッフを替えちゃうんです、どんどん。仕事させて一年二年すると、「癒着している」っていう理由で続けさせない。それじゃスタッフも育たない。

（『生き方、六輔の。』一八二頁）

❖

観客から本物を見抜く視線が消えた。メディアが「これが本物だ」って言うと、みんなわっと群がる。まがいものの「本物志向」だけが残っている。

本来なら受け手にも「修行」が必要なんですよ。厳しく自分を鍛えることばかりではなく、芸を理解する素養を養うことも「修行」なんですから。

（朝日新聞二〇〇二年一月四日夕刊）

❖

言葉というのは、相手に伝わりましたという実感と、確かに受けとめましたというお返しがそこにあることによって、たったひと言が重要なひと言になるんだと思います。

（﨑南海子・遠藤泰子と共編『七円の唄　誰かとどこかで　生きているということは』朝日出版社、二〇〇〇年、九一頁）

❖

いま、情報があふれています。携帯電話が「ケータイ」になり、そこでは言葉や文字による情報だけでなく、画像が発信されたり、受信したりされています。

　では情報が豊富になったから人々の言葉も豊かになったかというと、少しもそうは思えません。むしろ言葉が少なくなっています。いまの日本人は不気味なほど、ちゃんとした言葉をしゃべらなくなってきています。


　ケータイでしゃべっている言葉とか、メールで語られている言葉というのは、相手に面と向かって発される言葉と違って、どれもこれも孤立した言葉です。本来、コミュニケーションであるはずの言葉が、そこでは一方的なものになっています。

（ケン・ジョセフと共著『日本に生まれてよかった！』徳間書店、二〇一一年、二〇頁）

もっと知りたい人のために——読書案内

第6章までを読み終えて「永六輔という人物をもっと知りたい」と思われた方のために、私なりの読書案内をつけておきたい。

本人が書いた二〇〇冊を超えるという著書（共著や編著を含む）の中から、一〇〇冊を選んでみた。それでもさて、どれから読めばいいのか。自伝があればいいのだが、永は自伝を書き残さなかった。それに近いものから紹介していこう。

まず、㊻の『昭和　僕の芸能私史』である。昭和の芸能史を編年体でつづりながら、そのころの自分が何をしていたかについても詳しい。もともとは『週刊朝日』に連載したもので、朝日新聞社から出版されたあと、光文社の知恵の森文庫になった。品切れになっているようだが、図書館や中古市場での入手は難しくない。電子書籍にもなっていて、私はアマゾンのキンドル版をタブレット端末で持ち歩いて愛読している。ただし、内容が「話半分」かなと思う部分もあるし、その年に起きたことではない話が混じることもあるので、注意が必要だ。それにタイトルからして「昭和」で、平成期のことは書かれていない。

そこを補うとすると、㊾の対談本『生き方、六輔の。』だろうか。帯に「ロクスケ、70歳を前にして初めて『自分自身』を語る!」とあるように、同年生まれの親友で長く雑誌『話の特集』の編集長をしていた矢崎泰久を相手に、自分が生きてきた道や人生を面白くする秘訣などを語っている。自伝風に書かれたものではないが、対談ならではの話し言葉で読みやすい。気に入った方は、三部作の㊻㊼へと読み進んでもいいだろう。

もう一冊、⑪の『六輔その世界』は一九七二年に出た古い本だが、若いころの永の姿が伝わってくる。最初が「年表・永六輔」で、先の㊻の原型のような毎年の逸話が紹介されている。七二年で終わらず、「将来のことぐらい自分で予告しておいてみよう」と翌年以降の自分についての予想を書いているのが、いかにもこの人らしい。例えば二〇〇八年の項には「もし、七十五歳まで生きていたら生れ育った寺に戻り、旧友の命日を調べて墓参りをして暮そうと思う。ある日、誰かの墓の前で息絶えて、それでオシマイ」などとある。実際はもっと長生きをし、違う人生を歩んだことは言うまでもない。この本には、写真家・大石芳野の写真がふんだんに使われていて、当時の永六輔像が視覚でわかる。その後の⑭や、最晩年の⑩に至るまで、大石は永の貴重な写真を残した。

『六輔その世界』は、④⑥⑫など、『話の特集』に連載した「その世界」シリーズで「他人のエピソードを肴にした」ので、「罪ほろぼしに他人の書いた僕のエピソードもまとめようと思った」のだそうだ。「強いようでいて、意外に気が弱い」（渥美清）、「なにを考え、なにをやろうとしているか、わからないところが魅力。ウソ、インチキ、そんなものはすべて見つくして行動している」（中村八大）といった評価にうなずかされる。

永の若いころを知るなら、②の『一流の三流』もお勧めだ。NHKのテレビ番組『夢であいましょう』が人気を集め、作詞家としてヒット曲を次々に生んでいた当時の勢いが感じられる。放送界に入ったころの裏話がふんだんに出てくるほか、アメリカへの初めての外国旅行記や、妻・昌子、親友・渥美清と三人で行った二度目の渡米記が実に面白い。「七月七日の七夕に生れて女の花盛りという八百屋お七の歌がありますが、その彼女の誕生日に羽田を飛び出しました」というくだりで、のちに永六輔の命日となる七月七日との縁を感じてしまうのは、没後に読んでこそである。

この本はもともとは電通の社内報に連載した文章ということもあって、当時の永のメディア観、テレビ観を知る手がかりにもなる。冒頭に「僕はバラエティ・ショーを作る人間は、まず自分の中にバラエティを持たなければという信念を持っている。その中で自分を育てたいと願っている」とあるように、テレビへの情熱が感じられる。㉒の『テレビファソラシド』、㊵の『たかがテレビ　されどテレビ』と読み進めば、年齢を重ねるにつれて永のテレビ観がどう変わったか、変わらなかったかをさぐることができる。

ラジオについては多くの著書がある。一番の入門書は㉒の『ラジオを語ろう』だ。草創期からラジオにかかわった秋山ちえ子との対談で、ラジオの歴史から「はかりしれない魅力」までが味わい深く語られる。薄いブックレットなので、若い人にも勧めやすい。

音楽論で一冊あげるなら⑹、日本音楽史を語ったNHK人間講座のテキストで決まりだろう。加筆・修正した本が、二〇一二年にさくら舎から出版された。電子書籍化もされ、私のタブレット端末にも収まっている。

著書一覧を見て、永が本を書き始めた初期に芸能関係が多いと気づかれたことだろう。③や⑤は、日本芸能史の名著だと私は思う。自分が生まれる前の先達が伝えてくれた芸能をいかに現代らしく工夫し、次の世代に渡すか。それが永の終生のテーマだった。「時代を旅した言葉の職人」と言うしかない。

「言葉の職人」の側面では、誰かの言葉をほかの誰かに向かって楽しく語るのが、永の真骨頂だった。「あらゆる意味で仕事の原点」と語っていた④に始まり、ミリオンセラーになった㉜など、芸人や無名人の言葉を集めてラジオで語ったり本にまとめたりしたものが豊かな遺産として残ったことを、著書一覧が静かに語っている。

番組のなかで語られた言葉が文字になった本も多い。TBSラジオの『永六輔の誰かとどこかで』に聴取者から寄せられた葉書から厳選して読んでいた「七円の唄」のコーナーは、⑧⑤の読売新聞社刊に始まって、⑧⑦から朝日出版社に移り、最後はTBSサービスの⑨⑨まで、十二冊が出版された。⑨⑨には放送のCDが付いているので、音でも楽しめる。番組から抜粋した録音をCDにした⑩④もある。晩年（二〇一〇年以降）の『永六輔の誰かとどこかで』で、遠藤泰子に語りかけた言葉を活字にしたのが、⑦⑦と⑦⑧。「ラジオを聴いているつもりで読んでいただきたい」と冒頭に本人の注文がついている。

『土曜ワイドラジオTOKYO　永六輔その新世界』は、聴取者が亡き夫や妻への思いを手紙にした「逢いたい」のコーナーから⑧⑨⑨③が出版されている。番組でしゃべる永六輔の声を聞きたければ、⑩⑤が発売中だ。この番組が放送される土曜日の毎日新聞朝刊に永自身が番組名と同じコラムを連載していた。それをまとめた最初の本が④③で、最後の本が⑦⑨。⑦⑨は東日本大震災の前後が収められている。「空襲と津波、恐ろしさ共通」「原発報道に耳を疑う言葉」といった永らしいコラムが並ぶ。

永六輔は、新聞記者やルポライターになっても成功したに違いない。そう思わせるのが、「上を向いて歩こう」を歌った坂本九が日航機事故でなくなったあとに書いた評伝②⑥である。突然の死への悲しみが癒えないなかで「九の評伝を墓前に供える」と決意し、時間や労力を惜しまずに取材して克明に記述し、坂本の誕生日に刊行した。「僕は初めて九に誕生日のプレゼントをした」という文章に触れるたびに私は涙を禁じ得ない。永は坂本には厳しく当たることが多かったようだが、初めて芸能史に挑んだ③に「この本を坂本九に捧げる」と書いていたほどだから、現代の芸人代表として期待していたのだろう。

さて最後に、よく聞かれる質問に答えて読書案内を閉じることにしよう。

「永さんの本で、一番好きなのは？」。難しい質問だが、あえて一冊に絞るなら、㊼の『悪党諸君』をあげたい。日本各地の刑務所を訪ね、受刑者たちに話をした講演の記録。犯罪者でありながら自らも傷ついているような人たちに向かって巧みに慰め、熱く励まし、面白おかしく語る。「言葉の職人」の至芸と言えるし、読んでいくうちに深い教訓が残る。親鸞の悪人正機説を持ち出すまでもなく、この「悪人」たちは救われるだろうと思うことで、こちらも救われる気持ちになる得がたい講演録である。私は旅先などで時間があくとタブレット端末を開き、この本を読むのだが、笑っていたかと思うと、つい涙が出てくる。同じ経験をしている人が少なくないかもしれない。

【永六輔の主な著書（発行年順）】

①『一人ぼっちの二人』えくらん社、一九六一年→中公文庫
②『一流の三流　ラジオ・テレビこんにちは』サンケイ新聞出版局、一九六四年
③『わらいえて　芸能一〇〇年史』朝日新聞社、一九六五年
④『芸人その世界』文藝春秋、一九六九年→文春文庫、岩波現代文庫
⑤『芸人たちの芸能史　河原乞食から人間国宝まで』番町書房、一九六九年→文春文庫（副題なし）
⑥『役者その世界』文藝春秋、一九七一年→文春文庫、岩波現代文庫
⑦『われらテレビ乞食』白馬出版、一九七一年
⑧『終りのない旅』日本交通公社、一九七二年→中公文庫
⑨『みだらまんだら』（絵・山下勇三）文藝春秋、一九七二年
⑩『遠くへ行きたい』文藝春秋、一九七二年→文春文庫、講談社＋α文庫
⑪『六輔その世界』話の特集、一九七二年
⑫『タレントその世界』文藝春秋、一九七三年→文春文庫
⑬『おしゃべりまんだら』文藝春秋、一九七五年
⑭『僕のいる絵葉書』（写真・大石芳野）中央公論社、一九七五年
⑮『四苦八苦映画百本』中央公論社、一九七七年
⑯『スターその世界』文藝春秋、一九七八年

⑰『二人三脚七転八起』中央公論社、一九七八年→中公文庫
⑱『旅行鞄はひとつ』日本交通公社出版事業局、一九七八年
⑲『せきこえ のどに浅田飴』話の特集、一九七九年
⑳『冗談ばっかり――沖縄ジァン・ジァンの五日間』講談社、一九八一年→講談社文庫（副題なし）
㉑『変だと思いませんか？』ＰＨＰ研究所、一九八二年→ＰＨＰ文庫
㉒『テレビファソラシド』集英社、一九八二年
㉓『寿徳山最尊寺』三月書房、一九八二年
㉔『アイドルその世界』文藝春秋、一九八三年
㉕『六輔からの親展』中央公論社、一九八三年
㉖『六・八・九の九 坂本九ものがたり』中央公論社、一九八六年→中公文庫（副題を正題に）、ちくま文庫
㉗『無名人名語録』講談社、一九八七年→講談社文庫、新潮文庫（決定版『無名人語録 聞いちゃった！』）
㉘『普通人名語録』講談社、一九八八年→講談社文庫
㉙『一般人名語録』講談社、一九九〇年→講談社文庫
㉚『六輔流旅人生』講談社、一九九一年→講談社＋α文庫
㉛『もっとしっかり、日本人』日本放送出版協会、一九九三年→ＮＨＫライブラリー
㉜『大往生』岩波新書、一九九四年
㉝『どこかで誰かと』旅行読売出版社、一九九四年→講談社文庫
㉞『逢えてよかった！ 僕のメディア交遊録』朝日新聞社、一九九五年→朝日文庫（『永六輔のメディア交

遊録　逢えてよかった!』)

㉟『二度目の大往生』岩波新書、一九九五年

㊱『終《おわり》――大往生その後』朝日新聞社、一九九六年→朝日文庫

㊲『職人』岩波新書、一九九六年

㊳『永六輔の特集』(矢崎泰久・坂梨由美子編)自由国民社、一九九六年

㊴『芸人』岩波新書、一九九七年

㊵『たかがテレビ　されどテレビ』倫書房、一九九七年

㊶『学校ごっこ』日本放送出版協会、一九九七年

㊷『商人《あきんど》』岩波新書、一九九八年

㊸『土曜日に逢いましょう』毎日新聞社、一九九八年

㊹『もっともっとしっかり、日本人』日本放送出版協会、一九九八年

㊺『結界　越えてはならないことがある』マガジンハウス、一九九八年→光文社知恵の森文庫(『言っていいこと悪いこと――日本人のこころの「結界」』)

㊻『昭和　僕の芸能私史』朝日新聞社、一九九九年→朝日文庫(『さよなら芸能界』)、光文社知恵の森文庫

㊼『悪党諸君』青林工藝舎、一九九九年→幻冬舎文庫

㊽『永六輔・職人と語る』小学館、二〇〇〇年→小学館文庫

㊾『夫と妻』岩波新書、二〇〇〇年

㊿『親と子』岩波新書、二〇〇〇年

(51)『新・無名人語録――死ぬまでボケない智恵』飛鳥新社、二〇〇〇年

52『あの世とこの世』朝日新聞社、二〇〇〇年→朝日文庫

53『想像力と創造力』毎日新聞社、二〇〇〇年

54『沖縄《ウチナー》からは日本《ヤマト》が見える』祥伝社、二〇〇〇年→光文社知恵の森文庫

55『嫁と姑』岩波新書、二〇〇一年

56『永六輔のえいっ!』産経新聞ニュースサービス、二〇〇一年

57『おしゃべり文化 会う人はみんな僕の薬』講談社+α新書、二〇〇一年

58『永六輔の芸人と遊ぶ』小学館、二〇〇一年

59『生き方、六輔の。』(矢崎泰久構成)飛鳥新社、二〇〇二年→新潮文庫

60『妻の大往生』中央公論新社、二〇〇二年→中公文庫

61『人はなぜ歌うか——六輔流・日本音楽史』(NHK人間講座テキスト)日本放送出版協会、二〇〇三年
→『上を向いて歩こう年をとると面白い——人は歌と生きている!』さくら舎、二〇一二年(加筆・修正・改題)

62『想像力と創造力3 ラジオで見えるニッポン』毎日新聞社、二〇〇三年

63『明るい話は深く、重い話は軽く』光文社知恵の森文庫、二〇〇三年

64『伝言』岩波新書、二〇〇四年

65『老い方、六輔の。』(矢崎泰久構成)飛鳥新社、二〇〇四年

66『叱る、だけど怒らない』光文社知恵の森文庫、二〇〇四年

67『あの世の妻へのラブレター』中央公論新社、二〇〇五年→中公文庫

68『話す冥利、聞く冥利』光文社知恵の森文庫、二〇〇五年

⑲『ボケない知恵――永六輔の無名人語録より』飛鳥新社、二〇〇五年
⑳『気楽に生きる知恵』飛鳥新社、二〇〇五年
㉑『死に方、六輔の。』（矢崎泰久構成）飛鳥新社、二〇〇五年
㉒『赤坂檜町テキサスハウス』（大竹省二写真）朝日新聞社、二〇〇六年
㉓『世間にひと言 心にふた言』光文社知恵の森文庫、二〇〇六年
㉔『上を向いて歌おう――昭和歌謡の自分史』（聞き手・矢崎泰久）飛鳥新社、二〇〇六年
㉕『永六輔のお話し供養』小学館、二〇一二年
㉖『無名人のひとりごと』金曜日、二〇一三年
㉗『男のおばあさん――楽しく年をとる方法』大和書房、二〇一三年→だいわ文庫
㉘『男のおばあさん2――元気に笑って暮らすコツ』大和書房、二〇一三年
㉙『むずかしいことをやさしく、やさしいことを深く、深いことを面白く』毎日新聞社、二〇一四年
㉚『大晩年――老いも病いも笑い飛ばす！』中央公論新社、二〇一四年

〈以下、共著など〉

㉛野坂昭如・寺山修司・永六輔・野末陳平『新戦後派』毎日新聞社、一九六九年
㉜永六輔・永忠順『街＝父と子』毎日新聞社、一九六九年→角川文庫
㉝永六輔・永忠順『旅＝父と子』毎日新聞社、一九七〇年→角川文庫
㉞永六輔・永忠順『女＝父と子』毎日新聞社、一九七〇年→角川文庫
㉟永六輔・﨑南海子編『七円の唄――TBSラジオ『誰かとどこかで』より』読売新聞社、一九七二年

⑧⑥永忠順・永六輔・永千絵『永家物語――父と子と孫の三代噺』PHP研究所、一九八六年
⑧⑦永六輔・﨑南海子・遠藤泰子編『七円の唄　誰かとどこかで』朝日出版社、一九九七年
⑧⑧三波春夫・永六輔『言わねばならぬッ!』NHK出版、一九九九年
⑧⑨永六輔・TBS土曜ワイドラジオTOKYO編『逢いたい』大和書房、一九九九年
⑨⓪永六輔・永千絵・永麻理『読めば読むほど。　子どもたちを〈本好き〉にする本』くもん出版、二〇〇一年
⑨①野坂昭如・永六輔・小林亜星『世なおし直訴状』文藝春秋、二〇〇一年
⑨②秋山ちえ子・永六輔『ラジオを語ろう』岩波ブックレット、二〇〇一年
⑨③永六輔・TBS土曜ワイドラジオTOKYO編『愛しい人へ　『逢いたい』第2集』大和書房、二〇〇四年
⑨④永六輔・荒井敦子『歌の力　音楽療法の挑戦!』PHP研究所、二〇〇四年
⑨⑤井上ひさし・永六輔・小沢昭一・矢崎泰久『この日、集合。』金曜日、二〇〇六年
⑨⑥小沢昭一・永六輔『遊びの道巡礼　平身傾聴裏街道戦後史』ちくま文庫、二〇〇七年
⑨⑦永六輔・矢崎泰久『バカまるだし』講談社、二〇〇七年→講談社文庫
⑨⑧永六輔・ケン・ジョセフ『日本に生まれてよかった!』徳間書店、二〇一一年
⑨⑨永六輔・﨑南海子編『永六輔の誰かとどこかで　七円の唄』TBSサービス、二〇一一年
⑩⓪永六輔・大石芳野『レンズとマイク』藤原書店、二〇一六年

〈CD・DVD〉

⑽CD『永六輔作品集　上を向いて歩こう』東芝EMI、二〇〇七年
⑽CD『にほんのうた　デューク・エイセス』EMIミュージック・ジャパン、二〇一二年
⑽CD『三木鶏郎　日曜娯楽版大全』ウルトラ・ヴァイブ、二〇一五年
⑽CD『永六輔の誰かとどこかで①1986年』TBSラジオ&コミュニケーションズ、二〇一四年
⑽CD『土曜ワイドラジオTOKYO　永六輔その新世界　特選ベスト』TBSプロネックス、二〇一六年～（「泣いて笑って旅物語篇」「出会えば花咲く交遊録篇」「戦争を語りつぐ大人たち篇」「歩いて話して街かど東京篇」が発売中）
⑽DVD『NHK想い出倶楽部④　夢であいましょう』NHKソフトウェア、二〇〇三年

【その他の主な参考文献】

安倍寧『音楽界実力派』音楽之友社、一九六六年
飯沢匡『武器としての笑い』岩波新書、一九七七年
いずみたく『ドレミファ交遊録』朝日新聞社、一九七〇年
いずみたく『新ドレミファ交遊録——ミュージカルこそわが人生』サイマル出版会、一九九二年
五木寛之『わが人生の歌がたり——昭和の青春』角川書店、二〇〇八年
井上保『「日曜娯楽版」時代——ニッポン・ラジオ・デイズ』晶文社、一九九二年
井原高忠『元祖テレビ屋大奮戦！』文藝春秋、一九八三年
梅原猛『梅原猛の授業　仏教』朝日文庫、二〇〇六年

梅原猛『仏教の思想』上・下　角川文庫、一九九二年
永拓実『大遺言――祖父・永六輔の今を生きる36の言葉』小学館、二〇一七年
永千絵『父「永六輔」を看取る』宝島社、二〇一七年
永六輔・おすぎとピーコ「おばさんトリオ・イン・沖縄」『広告批評』一九八二年八月号
大久保元春『輝ける昭和のフロントランナー――白桃世代』文芸社、二〇一五年
オールナイトニッポン友の会編『オールナイトニッポン大百科』主婦の友社、一九九七年
キノトール「冗談工房」、秋山邦晴ほか『文化の仕掛人――現代文化の磁場と透視図』青土社、一九八五年
黒柳徹子・田原総一朗『トットちゃんとソウくんの戦争』講談社、二〇一六年
『現代用語の基礎知識２０１７』自由国民社、二〇一七年
鼓童文化財団『いのちもやして、たたけよ。――鼓童30年の軌跡』出版文化社、二〇一一年
小室等『人生を肯定するもの、それが音楽』岩波新書、二〇〇四年
今野勉『テレビの青春』NTT出版、二〇〇九年
今野勉「永六輔と『遠くへ行きたい』」『調査情報』二〇一六年九‐一〇月号
坂本九（マナセプロダクション編）『坂本九　「上を向いて歩こう」』日本図書センター、二〇〇一年
さだまさし『笑って、泣いて、考えて。――永六輔の尽きない話』小学館、二〇一六年
三遊亭金馬『金馬のいななき　噺家生活六十五年』朝日新聞社、二〇〇六年
志賀信夫『テレビ番組事始――創生期のテレビ番組25年史』日本放送出版協会、二〇〇八年
柴田錬三郎『わが毒舌』光風社、一九六四年
関山和夫『説教の歴史　仏教と話芸』岩波新書、一九七八年

徳川夢声『夢声自伝』下　講談社文庫、一九七八年
中村八大（黒柳徹子・永六輔編）『ぼく達はこの星で出会った』講談社、一九九二年
中村政則・森武麿編『年表 昭和・平成史 1926－2011』岩波ブックレット、二〇一二年
長崎励朗『「つながり」の戦後文化誌――労音、そして宝塚、万博』河出書房新社、二〇一三年
西村計雄記念評伝刊行委員会『評伝・西村計雄』非売品、二〇〇九年
日本放送作家協会編『テレビ作家たちの50年』日本放送出版協会、二〇〇九年
日本放送協会放送史編修室編『日本放送史』上・下・別巻　日本放送出版協会、一九六五年
日本放送協会『放送五十年史』日本放送出版協会、一九七七年
日本放送出版協会編『「放送文化」誌にみる昭和放送史』日本放送出版協会、一九九〇年
野坂昭如『風狂の思想』（野坂昭如エッセイ集3）中央公論社、一九七〇年
林英哲『あしたの太鼓打ちへ』晶文社、一九九二年
林英哲『林英哲 太鼓日月 独走の軌跡』講談社、二〇一二年
林香里『マスメディアの周縁、ジャーナリズムの核心』新曜社、二〇〇二年
林香里『〈オンナ・コドモ〉のジャーナリズム――ケアの倫理とともに』岩波書店、二〇一一年
藤代裕之『ネットメディア覇権戦争――偽ニュースはなぜ生まれたか』光文社新書、二〇一七年
藤田潔『テレビ快男児――あの凄い番組をつくった男の50年』プレジデント社、二〇〇九年
古川ロッパ『古川ロッパ昭和日記　補巻・晩年篇』晶文社、一九八九年
文化放送編『セイ！ヤング』ルック社、一九七五年
文化放送編『セイ！ヤング　PART・Ⅱ』ルック社、一九七六年

文化放送『50YEARS文化放送――時代を見つめたラジオの目』文化放送、二〇〇二年
前田武彦『マエタケのテレビ半生記』いそっぷ社、二〇〇三年
前田武彦・関根勤『前武・関根のおしゃべりに会いたくて』ゴマブックス、二〇〇一年
丸山鉄雄『ラジオの昭和』幻戯書房、二〇一二年
三木鶏郎『三木鶏郎回想録』平凡社、一九九四年
三木鶏郎『冗談十年』上・中・下　駿河台書房、一九五四年
宮本常一『私の日本地図7 佐渡』同友館、一九七〇年
宮本常一『民俗学の旅』講談社学術文庫、一九九三年
矢崎泰久『「話の特集」と仲間たち』新潮社、二〇〇五年
矢崎泰久編『永六輔の伝言――僕が愛した「芸と反骨」』集英社新書、二〇一六年
柳田国男『昔話覚書』(『柳田国男全集8』)ちくま文庫、一九九〇年
やなせたかし『人生なんて夢だけど』フレーベル館、二〇〇五年
山本武利『新聞記者の誕生』新曜社、一九九〇年
「特集・永六輔　上を向いて歩こう」『ユリイカ』二〇一六年一〇月号
淀川長治『淀川長治自伝』上・下　中公文庫、一九八八年
TBS『TBS50年史』二〇〇二年
TBSパックインミュージック編『もう一つの別の広場――深夜放送にみる青春群像』ブロンズ社、一九六九年
『TBSラジオ全国こども電話相談室1』小学館、一九九七年

あとがき

永六輔という人はせっかちで、待つことがとても嫌いだった。「あれは、いつ本になるの?」。耳に残る生前の言葉が、遅筆な私の背中を押してくれた気がする。私が東京を離れ、東北地方の取材に追われているうちに亡くなったのは、すっかり待ちくたびれてしまったのだろう。おわびの気持ちも込めて、本人が坂本九さんの没後に書いた評伝をそうしたように、この本を永さんの墓前に供えたい。

「九は死んだことによって、かつて坂本九の時代があったことを、確実に印象づけた」。永さんはそう指摘した。私も永さんについて同じことを感じる。「永六輔の時代」は、永六輔だけでなく、大勢の人々によってつくられた。好奇心が旺盛で、あちこちに首を突っ込み、人なつっこい性格の永さんは、仲間やファンをつくる天才でもあった。だからこそ、永さんを語ることが、時代を語ることにつながる。

そこで、この本はなるべく引用を多くして大勢の人に出てもらい、わいわいがやがや永六輔論を語り合うような内容にしたいと考えた。興味を持った引用元にじかに当たることで、さらに理解を深める楽しみも広がる。本文のあとに「もっと知りたい人のために――読書案内」をつけたのも、そんな思いからである。

書き進める段階で、何度も永さんを草葉の陰から呼び出したくなった。例えば本人の著書によって記述が違う場合、「どっちがホント?」と聞いてみたくなるのである。死んでしまった人にそれは無理なこと。事実をさぐる作業を重ねていくうちに、あらためて確信した。永さんは若いころから生きる姿勢がほとんど変わっていない、ぶれが少ないということである。寄り道もしつつ「一筋の道」を歩いてきたということだろう。

永さんは饒舌な人という印象が強いかもしれないが、私の印象は違う。「ぼくは相手がいてこそ。普段はほとんどしゃべらない」と本人が言っていたように、実は寡黙な人で、ラジオや講演ではサービス精神が高まり、面白おかしくしゃべる。そんな人だった。この本もみんなで盛り上がると、「ぼくにもちょっとしゃべらせてよ」と顔を出すかもしれない。各章の末尾に「六輔六語録」をつけたのは、そんな場面を想像してのことだ。三十六の語録を読むと、「言葉の職人」が言いたかったことがあらためて伝わってくる。

この本を書くに当たって、文中に登場していただいた方々をはじめ、たくさんの方にお世話になった。裏方として永さんを支え続け、私の執筆中にも助言をいただいた二人に特にお礼を申し上げたいと思う。

一人は、永さんのラジオ番組が作りたくてTBSに入社した橋本隆さん。半世紀にわたって永さんのラジオ人生に伴走し、定年退職後も『永六輔の誰かとどこかで』のプロデューサーとして没後の特別番組まで聴取者に送り届けた。昔の番組の裏話や晩年の永さんとのやりとりなど、興味深いエピソードをたくさん教えていただいた。

もう一人は、永さんの長女・千絵さんの夫で、永さんの事務所「オフィス六丁目」の社長・マネージャー・運転手を務めた永良明さん。東日本大震災のあと、永さんと私が新幹線で被災地の宮城県に行ったとき、東京から車を運転してきて、仙台駅から山元町まで送り迎えしてもらったことを思い出す。最晩年の献身的な看病ぶりも心に残る。この本には、写真提供のほか、貴重なアドバイスがありがたかった。

出版にこぎつけるまでには、平凡社の金澤智之さんにお手数をおかけした。「本を出しましょう」と言ってもらったのは、五年以上前のことになる。すっかりお待たせしてしまった。「あんまり人を待たせないようにね」。またもや聞こえてきそうな永さんの言葉と笑顔を忘れないようにしながら、さらに精進したい。

二〇一七年一〇月一〇日

隈元信一

関連年表

〈注〉年齢はその年の誕生日以降の満年齢。
社会の動きは『年表 昭和・平成史』（岩波書店）など参照。

西暦（年）	年齢（歳）	永六輔（本名・永孝雄）関連の動き	社会の動き
1933		4·10 東京の順天堂医院で誕生	3·27 日本、国際連盟脱退通告
1937	4	「四歳の僕の記憶の中では、やっぱり南京占領の提灯行列である」（『昭和 僕の芸能私史』）	7·7 盧溝橋事件（日中戦争始まる）
1940	7	東京・浅草の新堀小学校入学	9·27 日独伊3国同盟調印
1941	8	「小学校が国民学校になり、僕たちは少国民と呼ばれるようになった」（『昭和 僕の芸能私史』）	12·8 日本軍、マレー上陸・真珠湾奇襲（太平洋戦争始まる）
1944	11	長野県北佐久郡南大井村（現在の小諸市）へ学童疎開	7·18 東条内閣総辞職
1945	12	3·10 東京大空襲で実家の最尊寺全焼 8·15 玉音放送を校庭で聞く	8·15 天皇、戦争終結の玉音放送（日本敗戦）
1946	13	旧制上田中学校入学	11·3 日本国憲法公布
1947	14	帰京し、早稲田中学校転入 10·5 NHKラジオ『日曜娯楽版』放送開始	5·3 日本国憲法施行
1949	16	早稲田高校入学	10·1 中華人民共和国成立
1950	17	『日曜娯楽版』にコント採用される	6·25 朝鮮戦争始まる
1951	18	このころから三木鶏郎文芸部会に出席	9·1〜 民放ラジオ開局ラッシュ（第1号は中部日本放送）

1952	19	早稲田大学第二文学部史学科入学 三木鶏郎文芸部に正式加入	4・28 対日平和条約発効 5・1 血のメーデー事件
1953	20	6・8『日曜娯楽版』終了→6・15『ユーモア劇場』開始 民放ラジオ開局ラッシュに続きテレビ開局で三木鶏郎文芸部大忙し	2・1 NHKテレビ放送開始 8・28 日本テレビ放送開始
1954	21	6・13『ユーモア劇場』終了 8・8 文化放送『みんなでやろう冗談音楽』開始（～12月） 10・6 日本テレビ『青春カレンダー』開始（→構成作家として参加） 12 文化放送『トリス・ジャズ・ゲーム』開始（構成）	7・1 自衛隊発足
1955	22	ディズニー映画の日本語版製作にかかわり、黒柳徹子に出会う	11・15 自民党結成、社会党との55年体制に
1956	23	4「冗談工房」発足、社長に就任 11 酒井昌子と結婚	7・17 経済白書「もはや戦後ではない」
1957	24	3 映画『フランキーの宇宙人』公開（ギャグ指導、新聞記者役で出演）	2・25 岸信介内閣発足
1958	25	5・11 日本テレビ『光子の窓』開始（構成）	11・5 警職法改悪反対闘争
1959	26	2・12 長女・千絵誕生 7・6 ラジオ関東『昨日のつづき』開始（構成・出演） 10 NHKテレビ『午後のおしゃべり』（『夢であいましょう』の前身番組）開始	4・10 皇太子結婚パレード、テレビ生中継

年	年齢	事項	社会
1960	27	12 作詞の「黒い花びら」第1回レコード大賞 安保反対運動参加 7 大阪労音ミュージカル『見上げてごらん夜の星を』上演（作・演出）	6・19 新安保条約、自然承認
1961	28	4・8 NHKテレビ『夢であいましょう』放送開始（構成） 6・1 最初の著書『一人ぼっちの二人』（えくらん社）発行 7・21 作詞の歌「上を向いて歩こう」を坂本九が中村八大リサイタルで初披露（→大ヒットへ） 8・8 次女・麻理誕生	8 東ドイツ、「ベルリンの壁」構築
1962	29	作詞の歌「遠くへ行きたい」などが『夢であいましょう』からヒット	NHKテレビ受信契約、1千万突破
1963	30	6 「上を向いて歩こう」全米1位に 12 作詞の歌「こんにちは赤ちゃん」第5回レコード大賞 NHK「紅白歌合戦」ゲスト出演	11・22 ケネディ米大統領暗殺（国際衛星中継）
1964	31	8 大阪暮らしを始め、上方芸人らと親交	10 東京オリンピック開催
1965	32	4 ベ平連結成（→メンバーとして反戦活動） いずみたく、デューク・エイセスと「にほんのうた」シリーズ開始 8 『わらいえて 芸能一〇〇年史』出版 12 『話の特集』創刊（→常連筆者に）	2・7 米軍が北爆開始（ベトナム戦争激化） 6・22 日韓基本条約調印
1966	33	学生のたまり場「ニコニコ堂」つくる	

		4・2『夢であいましょう』終了 10 TBSラジオ『全国こども電話相談室』単独番組に（→70年代から長く回答者を務める） 『話の特集』12月号に「われらテレビ乞食」	6・29 ビートルズ来日（武道館公演）
1967	34	1・2 TBSラジオ『どこか遠くへ』開始（→69年10月『永六輔の誰かとどこかで』に改題） 7・20 脚本の映画『トッポ・ジージョのボタン戦争』（市川崑監督）公開 『話の特集』11月号から「芸人その世界」開始	2・11 初の「建国記念の日」 8・3 公害対策基本法公布
1968	35	4 NETテレビ『モーニングショー』で現地レポーターを引き受けるも、喧嘩して放送中に降板	5 パリから学生らのゼネスト全仏へ広がる（5月革命）
1969	36	4 TBSラジオ深夜放送『パック・イン・ミュージック』パーソナリティーに 7「にほんのうた」アルバム第4集（完結） 7 東京・渋谷に「ジァンジァン」開館（→常連出演）	1・18 東大安田講堂にたてこもる学生に機動隊出動 7・20 米アポロ11号、月面着陸
1970	37	5・16 TBS『土曜ワイドラジオTokyo』開始（初代パーソナリティー） 8 佐渡で「おんでこ座夏季学校」講師 9 永六輔のニセ弟事件で容疑者逮捕 10・4 読売テレビ制作『六輔さすらいの旅・遠くへ行きたい』開始	3 大阪万博開催 11・25 三島由紀夫、自衛隊で割腹自殺

1971	38	この年から浅田飴のテレビCM出演 3 テレビ『遠くへ行きたい』降板（タイトルから「六輔さすらいの旅」削り番組続行） 佐渡の鬼太鼓座（おんでこ座）結成支援	10・10 NHK総合テレビ、全カラー化
1972	39	『みだらまんだら』『終りのない旅』『六輔その世界』『遠くへ行きたい』『七円の唄』など著書次々に出版 12 舞台でバラエティーショー「六輔その世界」開始（初回は東京厚生年金会館）	5・15 沖縄本土復帰
1973	40	4 NHKテレビの歴史番組『スポットライト』司会で久々にテレビ出演 7 京都で「宵々山コンサート」企画・出演（中断含み2011年まで）	1・27 ベトナム和平協定調印 10 石油ショック
1974	41	6 歌手デビュー曲「生きているということは」発売 12 野坂昭如・小沢昭一との「中年御三家」、武道館公演	8・8 ニクソン米大統領、ウォーターゲート事件で辞任
1975	42	3~ 小沢昭一の劇団芸能座旗揚げ公演「清水次郎長伝・伝」作・出演し、全国巡業 3 『土曜ワイドラジオTokyo』降板	4・30 サイゴン政府降伏（ベトナム戦争終結）
1976	43	1~ ラジオや舞台で曲尺・鯨尺入手困難を訴え、尺貫法復権運動に取り組む 9 中年御三家「計量法粉砕コンサート」（渋谷公会堂） 12 映画『男はつらいよ　寅次郎純情詩集』公開（出演）	7・2 南北ベトナム統一

1977	44	10 TBSラジオ『六輔七転八倒』開始 4～ 芸能座「純情二重奏――大笑い計量法伝伝」作・主演で全国巡業 7・10 革新自由連合結成に参加 12 主演映画『春男の翔んだ空』公開	9 計量行政審議会専門部会で曲尺・鯨尺復活決定
1978	45	このころ佐渡共和国独立運動に取り組む	8・12 日中平和友好条約調印
1979	46	4・3 NHKテレビ『ばらえてい テレビファソラシド』開始（構成・出演）	3・28 米スリーマイル島で原発事故
1981	48	1・30 宮本常一死去（73歳） 渋谷ジァンジァンで初の「六輔七転八倒九時間しゃべりっぱなし」	3・2 中国残留日本人孤児、初の正式来日
1982	49	このころ離島や過疎村で「村おこし」に打ち込む（講演やコンサート） 6・6 テレビ『遠くへ行きたい』600回記念に出演	4・2 アルゼンチンと英国が軍事衝突（フォークランド紛争）
1983	50	6・26 参院選比例代表区に無党派市民連合1位で立候補するも落選 12・15 野坂昭如の総選挙応援（新潟）で襲われる	10・12 東京地裁、ロッキード事件で田中角栄元首相に実刑判決
1984	51	6・3 テレビ『遠くへ行きたい』700回記念に出演 8・30 有吉佐和子死去（53歳）	9・6 全斗煥韓国大統領来日
1985	52	3 中村八大とライブレコーディングコンサート（渋谷ジァンジァン）	9・22 5ヶ国蔵相が「プラザ合意」（円高へ）

1986	53	『話の特集』8月号から「無名人語録」開始 8・12 日航機墜落事故で坂本九死去（43歳）＝本葬で司会 2・5 浅草・最尊寺で寄席「永住亭」開始 6・8 坂本九をしのぶ催し「六八九の九」（渋谷ジァンジァン） 7・13 収録済みのテレビ『遠くへ行きたい』出演中止（スポンサーの国鉄の分割・民営化に「異議あり」広告を新聞に出したため）	4・26 ソ連でチェルノブイリ原発事故
1987	54	このころから各地で「ザブトン講演会」「投げ銭講演会」	4・1 国鉄分割・民営化
1989	56	12 東京・有楽町の第一生命ホール「さよなら公演」の総合プロデュース・司会	1・7 昭和天皇死去（87歳）→元号「平成」へ
1990	57	8・26 父・忠順死去（89歳）	10 バブル経済崩壊／東西ドイツ統一
1991	58	4・13『土曜ワイドラジオTOKYO 永六輔その新世界』開始 6・9 テレビ『遠くへ行きたい』5年ぶりに出演	1・17〜 湾岸戦争 12 ソ連消滅宣言
1992	59	2 NHK放送文化賞受賞 5・11 いずみたく死去（62歳） 6・10 中村八大死去（61歳） 10 日本テレビ深夜番組『2×3が六輔』開始（構成・出演）	8・10 PKO協力法施行 10・23 天皇・皇后、中国初訪問

1993	60	学生のたまり場「ニコニコ堂」出身の松原敏春に向田邦子賞、井上頌一に橋田賞	8・9 非自民の細川護熙内閣成立
1994	61	3・22 岩波新書『大往生』刊行、半年でミリオンセラーに 4・21 末期がん患者に頼まれ作詞した「はるなつあきふゆ」、聖ヨハネ会桜町病院で披露 10・7 三木鶏郎死去（80歳）	6・30 自民・社会・さきがけ連立の村山富市内閣成立 10・13 大江健三郎にノーベル文学賞
1995	62	1・17 阪神・淡路大震災→「ゆめ・風・10億円基金」呼びかけ人代表に 11 「JASRAC会員の信託財産を守る会」結成	3・20 地下鉄サリン事件
1996	63	4 NHK衛星放送でドラマ『大往生』（森繁久弥主演） 8・4 渥美清死去（68歳）	1・11 橋本龍太郎内閣成立
1997	64	5～9 テレビ朝日系『題名のない音楽会』司会（黛敏郎急逝で引き受ける） 「明日咲くつぼみに」（歌は三波春夫）作詞	12・18 金大中が韓国大統領当選（初の政権交代）
1998	65	野坂昭如・小林亜星と「世直しトリオ」ライブ、「参院選の投票に行こう」と呼びかける 11・11 淀川長治死去（89歳）	10 金大中韓国大統領来日、未来志向の日韓共同宣言
1999	66	3・7 母・登代死去（91歳）	8・9 国旗・国歌法成立
2000	67	12・1 菊池寛賞受賞（ラジオの活動で）	3 携帯電話5千万台突破、固定電話を抜く

2001	68	4・14 三波春夫死去（77歳）	10 米軍、アフガニスタン空爆
2002	69	1・6 妻・昌子死去（68歳）＝在宅で看取る 6・21 作詞の「明日天気になあれ」（作曲・歌は小沢昭一）発売	5〜6 サッカーW杯、日韓で共催
2003	70	2・3〜3・31 NHK人間講座『人はなぜ歌うか〜六輔流・日本音楽史』放送	3・20 イラク戦争開始→5・1 ブッシュ米大統領、戦闘終結宣言
2006	73	8・9 作詞の「小諸わが想い出」（作曲・編曲は小林亜星、歌は由紀さおり）発売。	9・26 安倍晋三内閣発足
2008	75	ギャラクシー賞45周年記念賞受賞	9・15 米リーマン・ブラザーズ経営破綻（リーマン・ショック）
2009	76	前立腺がんと診断	9・16 鳩山由紀夫内閣発足（政権交代）
2010	77	パーキンソン病と診断 11 句会の帰りに乗ったタクシーが交通事故	5・28 日米両政府、沖縄の普天間基地を辺野古移転の共同声明
2011	78	3・11〜 東日本大震災の被災地に「上を向いて歩こう」など流れる 11 自宅で転び大腿骨頸部骨折（病院からラジオ出演）	3・11 東日本大震災、東京電力福島第一原発事故
2012	79	退院後もリハビリ→歩行可能に 大腸ポリープ切除手術 12・10 小沢昭一死去（83歳）	12・26 安倍晋三内閣発足（政権交代）

2013	80	7・21／8・11『遠くへ行きたい』7年ぶり最後の出演 9・27『永六輔の誰かとどこかで』レギュラー放送終了	12・13 特定秘密保護法公布
2014	81	3 自宅で転び背骨圧迫骨折（歩行困難→在宅看護・介護） 『週刊金曜日』12月12日号で「無名人語録」最終回	4・1 消費税率、5％から8％へ
2015	82	9・26『土曜ワイドラジオTOKYO 永六輔その新世界』終了→9・28『六輔七転八倒九十分』開始 12・9 野坂昭如死去（85歳）	9・30 集団的自衛権行使できる安全保障関連法公布
2016	83	1 歩けなくなり入院 2・22 最後のラジオスタジオ出演（『六輔七転八倒九十分』） 4・6 秋山ちえ子死去（99歳） 4・19 退院し自宅へ 6・27『六輔七転八倒九十分』終了 7・7 自宅で死去（83歳） 7・12 大橋巨泉死去（82歳） 8・30 東京・青山斎場で「六輔 永（なが）のお別れ会」 12 レコード大賞特別功労賞	4・14 熊本地震 8・8 天皇、退位の意向示唆（国民向けビデオメッセージで）

【著者】
隈元信一（くまもと しんいち）
1953年鹿児島県種子島生まれ。ジャーナリスト。ラジオやテレビなどのメディア、日本を含むアジア文化を主なテーマとする。東京大学文学部（国史学）卒業後、同大学農学部へ学士入学。79年から朝日新聞記者。前橋・青森支局、学芸部、韓国・高麗大学校客員副教授、論説委員、編集委員、青森県むつ支局長などを経て2017年に退社。共著に『原発とメディア2――3・11責任のありか』『歴史は生きている――東アジアの近現代がわかる10のテーマ』（以上、朝日新聞出版）、『放送十五講』（学文社）など。

平 凡 社 新 書 8 5 7

永六輔
時代を旅した言葉の職人

発行日――2017年11月15日　初版第1刷

著者――隈元信一
発行者――下中美都
発行所――株式会社平凡社
東京都千代田区神田神保町3-29　〒101-0051
電話　東京（03）3230-6580［編集］
　　　東京（03）3230-6573［営業］
振替　00180-0-29639
印刷・製本―株式会社東京印書館
装幀――菊地信義

ISBN978-4-582-85857-0
NDC分類番号779.9　新書判（17.2cm）　総ページ296
平凡社ホームページ　http://www.heibonsha.co.jp/